Artigos de Fé para a
Família Nazarena Global

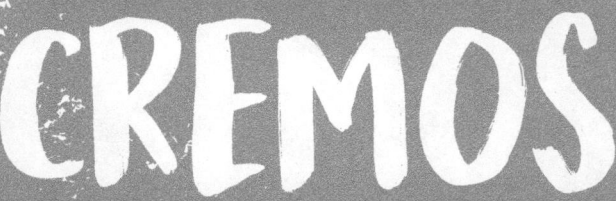

CREMOS

Artigos de Fé para a
Família Nazarena Global

Frank Moore, Editor

LITERATURA
Nazarena Portuguesa
LISBOA

Literature Nazarena Portugeusa
Lisboa

Copyright © 2017
Nazarene Publishing House

978-1-56344-870-6

Impressão digital

Todos os direitos reservados. Nenhuma parte desta publicação pode ser reproduzida, armazenada num sistema de recuperação ou transmitida de qualquer forma ou por qualquer meio - por exemplo, electrónica, fotocópia, gravação - sem a prévia autorização por escrito da editora. A única excepção é uma breve citação nas revisões impressas.

Design Exterior: Mike Williams
Design Interior: Sharon Page
Tradução: Priscila Guevara, Maria João Petticrew, Raquel Alves Espinhal Pereira

Originalmente publicado como
    We Believe
    Frank Moore, Editor
    Copyright © 2017 Nazarene Publishing House
    Esta edição foi publicada de acordo com
    Nazarene Publishing House
    Kansas City, MO 64141 (USA)

ÍNDICE

UMA PALAVRA DO EDITOR   7
   Uma Palavra do Editor
   Por Frank Moore

1. DEUS, O CRIADOR ETERNO E RELACIONAL   11
   O DEUS TRINO
   Por Kevin Mellish

2. O SALVADOR DO MUNDO   19
   Jesus Cristo
   Por Filimão M. Chambo

3. VIDA NO ESPÍRITO   25
   O ESPÍRITO SANTO
   Por Olivia Metcalf

4. O SIGNIFICADO DA VIDA   31
   AS ESCRITURAS SAGRADAS
   Por Jorge L. Julca

5. LIBERDADE DO PECADO   37
   PECADO, ORIGINAL E PESSOAL
   Por Svetlana Khobnya

6. SER EM UNIDADE   43
   EXPIAÇÃO
   Por Thomas A. Noble

7. A GRAÇA QUE PRECEDE   51
   GRAÇA PREVENIENTE
   Por Hunter Dale Cummings

8. A NECESSIDADE CONTÍNUA   59
   ARREPENDIMENTO
   Por Rubén Fernández

9. UM NOVO COMEÇO GRACIOSO   65
   JUSTIFICAÇÃO, REGENERAÇÃO E ADOPÇÃO
   Por Samantha Chambo

10. PARA CIMA, PARA DENTRO, PARA FORA 71
    SANTIDADE CRISTÃ E INTEIRA SANTIFICAÇÃO
    Por Deirdre Brower Latz

11. SER A IGREJA 79
    A IGREJA
    Por Mónica Mastronardi de Fernández

12. UM COMPROMISSO SIMBÓLICO, UM MEIO DA GRAÇA 87
    BAPTISMO
    Por Donghwan (Bill) Kwon

13. VENHAM À MESA 93
    A SANTA CEIA
    Por Anna Muller

14. UM DEUS QUE CURA 101
    CURA DIVINA
    Por Erika Rocha

15. CRISTO VOLTARÁ NOVAMENTE 107
    SEGUNDA VINDA DE CRISTO
    Por Jon Twitchell

16. ESTA É A NOSSA ESPERANÇA 113
    RESSURREIÇÃO, JULGAMENTO E DESTINO
    Por Ruth I. Cordova

QUE O DIÁLOGO COMECE 121
    CONCLUSÃO
    Por Frank Moore

UMA PALAVRA DO EDITOR
······································
por Frank Moore

Deus criou algo maravilhoso quando reuniu a família nazarena à volta de todo o mundo. Crentes formam esta família de uma ampla variedade de áreas globais, culturas e grupos idiomáticos. Muitas características sociais e culturais diferenciam os nazarenos de outras denominações. Adoramos a Deus de várias formas. No entanto, unimo-nos juntos à volta de Artigos de Fé. Independente dos nossos continentes ou línguas nativas, os nazarenos partilham de um vocabulário comum no que se refere aos Artigos de Fé da Igreja do Nazareno.

Em várias alturas ao longo da nossa história, temos olhado para o significado e para a aplicação prática dos nossos Artigos de Fé. Este livro segue esta tradição ao oferecer uma revisão renovada das nossas declarações do que cremos na vida da comunidade de fé. O formato desta revisão segue, até certo ponto, os padrões de livros antigos. No entanto, este formato tem algumas características importantes. Oferece uma perspectiva global ao ouvir as vozes de todas as Regiões da Igreja do Nazareno. Ouve-as em igual número de mulheres e homens. Dá atenção cuidadosa às vozes mais jovens na igreja global. E ilustra que as nossas crenças cristãs trabalham no viver diário quer vivamos em Memphis ou Moscovo, Buenos Aires ou Banguecoque. Este livro providencia recursos para enriquecimento e reflexão pessoal e também para debates em pequenos grupos.

É essencial que nos juntemos frequentemente e debatamos profundamente sobre o significado e aplicação prática das nossas crenças cristãs. O nosso mundo está actualmente a flutuar num mar de relativismo que oferece muitas opções, mas poucas certezas. A internet traz milhões de opções para crer e viver nos nossos *smartphones*, *tablets* e computadores apenas à distância de uns toques. Frequentemente, esta interminável variedade de opções deixa os nossos leitores confusos e inseguros. Muitas pessoas sentem-se inseguras nas suas crenças e concluem que deviam manter-se abertas a uma ampla selecção de opções. Esta é uma possibilidade perigosa porque acabamos sempre por viver nas nossas acções diárias o que cremos nas nossas mentes e corações. É por isso que é tão importante conhecer o que cremos e porque é que cremos.

Sempre que penso acerca da ligação entre crer e viver, sou lembrado do exemplo trágico de uma personagem bíblica que compreendeu mal o carácter de Deus. Ele confunde a forma como Deus interage com o Seu povo. Ele julgou preparação divina como liderança bem-sucedida. Jefté, um dos juízes de Israel (Juízes 10:6–11:40), oferece um exemplo bíblico assombroso do porquê precisarmos ter crenças correctas acerca de Deus e viver num relacionamento com Ele para que nos lidere. As Escrituras lembram-nos através do exemplo de Jefté: *vivemos nas nossas acções, o que cremos nos nossos corações.*

Seguido de um período de desobediência, o povo hebreu voltou-se para Deus em busca de libertação dos seus inimigos (Juízes 10:15). Eles seleccionaram Jefté para liderá-los na sua luta contra os amonitas. Deus capacitou Jefté com o Seu Espírito, garantindo vitória. Talvez Jefté não tenha reparado que foi o Senhor quem assegurou a sua vitória; não o sabemos. Mas, no caminho para a batalha, ele negociou com Deus e fez uma promessa parva: "E Jefté votou um voto ao Senhor, e disse: Se totalmente deres os filhos de Amon na minha mão, aquilo que, saindo da porta da minha casa, me sair ao encontro, voltando eu dos filhos de Amon em paz, isso será do Senhor, e o oferecerei em holocausto" (11:30-31).

O Espírito de Deus trabalhou através de Jefté; eles triunfaram sobre os amonitas na batalha. No seu regresso a casa, a única filha de Jefté, a sua preciosa filha, saiu para fora de casa para cumprimentar o pai. O versículo 39 oferece uma das frases mais trágicas das escrituras, "o qual cumpriu nela o seu voto que tinha votado". Este tipo de voto, para assegurar a vitória, acontecia normalmente nas religiões pagãs que rodeavam o povo hebreu. Essas religiões até promoviam sacrifícios humanos. Mas tal não acontecia com o nosso Deus. Ainda assim, de alguma forma, as crenças dessas outras fés chegaram ao pensamento de Jefté. A sua compreensão, do nosso Deus e da Sua forma de ser, tornou-se deformada. Tragicamente, ele agiu consoante essas crenças erradas e criou uma vida de mágoa na sua família. Lembre-se, *vivemos nas nossas acções, o que cremos nos nossos corações.*

Os crentes dizem-me frequentemente, "Realmente não tenho qualquer interesse em ler acerca da teologia. Estou demasiado ocupado para aprender as nossas crenças cristãs". Esta perspectiva é perigosa. A teologia significa simplesmente "falar sobre Deus"; sempre que falamos sobre o nosso relacionamento com o Senhor ou a nossa compreensão D'Ele, comunicamos teologia. Os crentes, antes de nós, nos últimos dois mil anos leram as suas Bíblias e devotaram os seus melhores pensamentos para nos dar uma imagem mais clara de quem Deus é e de como Ele se relaciona com os Seus filhos. Os seus discernimentos melhoram muito a nossa fé cristã. O que cremos acerca de Deus e do Seu propósito para as nossas vidas traduz-se na nossa conduta diária.

Nos meus primeiros anos como pastor vivi do lado oposto da rua de um homem. Tornámo-nos bons amigos. Convidei-o a ele e à sua esposa a frequentarem a nossa igreja, mas eles gentilmente recusaram os meus convites. Porquê? Porque o meu vizinho cria ter cometido o pecado imperdoável de, como soldado, ter lutado na Segunda Guerra Mundial. Nada do que eu disse o persuadiu a aceitar o perdão de Deus pelos seus pecados e a tornar-se um filho de Deus. Ele resistiu ao convite do Espírito de Deus por causa da sua crença errada acerca da nossa fé.

Tenho amigos queridos que amam a Deus e desejam servi-Lo. Ainda assim, vivem em derrota diária porque crêem estar desesperadamente amarrados às garras do pecado enquanto possuírem um corpo humano e enquanto viverem nesta terra. Um ciclo de pecado e arrependimento assusta-os diariamente. Eles não conseguem clamar a vitória que Paulo proclama em Romanos 8:1-2: "Portanto, agora, nenhuma condenação há para os que estão em Cristo Jesus, que não andam segundo a carne, mas segundo o espírito. Porque, a lei do espírito de vida, em Cristo Jesus, me livrou da lei do pecado e da morte". Eles recusam-se a aceitar a admoestação de João: "Meus filhinhos, estas coisas vos escrevo, para que não pequeis" (1 João 2:1a).

Os próximos capítulos deste livro oferecem informação, histórias e ilustrações tanto para encorajar a sua fé como para clarificar as crenças presentes na nossa tradição cristã como é articulada na Igreja do Nazareno. Queremos sempre que a conversa sobre Deus seja guiada pelo melhor pensamento da comunidade de crentes. Escritura, tradição, razão e experiência funcionam juntas para iluminar o nosso caminho. Encorajo-o a dar atenção cuidadosa às nossas crenças; porque *vivemos nas nossas acções, o que cremos nos nossos corações*.

Espero que os capítulos deste livro iluminem a sua compreensão das nossas crenças e o encorajem na sua caminhada com Cristo.

DEUS, O CRIADOR ETERNO E RELACIONAL

por Kevin Mellish

Kevin Mellish é professor de estudos bíblicos na Olivet Nazarene University em Bourbonnais, Illinois.

I. O Deus Trino

Cremos num só Deus infinito, eternamente existente, Soberano Criador e Sustentador do universo; que somente Ele é Deus, santo em Sua natureza, atributos e propósitos. O Deus que é amor santo e luz é Trino no Seu Ser, revelado como Pai, Filho e Espírito Santo.

(Génesis 1; Levítico 19:2; Deuteronómio 6:4–5; Isaías 5:16; 6:1–7; 40:18–31; Mateus 3:16–17; 28:19–20; João 14:6–27; 1 Coríntios 8:6; 2 Coríntios 13:14; Gálatas 4:4–6; Efésios 2:13–18; 1 João 1:5; 4:8)

A igreja cristã tem, desde o início, proclamado a sua crença fundamental no Deus trino. A doutrina teológica da Trindade cita que Deus apareceu várias vezes na história em três pessoas distintas e independentes - Pai, Filho e Espírito Santo - existindo simultaneamente como um ser único, unificado. Para a maioria de nós (incluindo eu), esta noção desafia a lógica e ultrapassa a nossa capacidade de a compreender. Apesar dos elementos fundamentais desta doutrina terem sido cuidadosamente citados por líderes de igreja, professores e teólogos ao longo da história, a questão de como a Trindade opera ou funciona na realidade permanece um mistério divino. É, então, com um sentido de temor e admiração que recordamos as palavras do famoso hino de Reginald Heber:

Santo, santo, santo, Deus omnipotente
Deus em três pessoas, abençoada Trindade

À medida que consideramos o tópico do Deus trino, podemos ponderar como é que é possível para os humanos compreenderem como Deus é realmente. No seu âmago, o cristianismo é uma fé revelada. Isto quer dizer que tudo o que sabemos acerca de Deus é o que Deus nos dá através da revelação. Graças a Ele, Deus, através da Sua grande misericórdia e graça, tem-Se feito conhecido à humanidade de várias maneiras, como por exemplo, através da criação.

O salmista, por exemplo, notou que, "Os céus manifestam a glória de Deus e o firmamento anuncia a obra das suas mãos. Um dia faz declaração a outro dia, e uma noite mostra sabedoria a outra noite" (Salmos 19:1-2).

De forma semelhante, o apóstolo Paulo declarou que, "Porque as suas coisas invisíveis, desde a criação do mundo, tanto o seu eterno poder, como a sua divindade, se entendem, e claramente se vêem, pelas coisas que estão criadas, para que eles fiquem inescusáveis" (Romanos 1:20).

Deus tem comunicado informação acerca do Seu carácter e do Seu ser também de outras formas. Deus tem-nos mostrado como é que Ele é através de eventos na história (tal como o Êxodo ou o Pentecostes); através de palavras ou instruções de Deus (ver Salmos 19:7-11); e, por fim, através da pessoa de Jesus Cristo (ver João 1:1, 14). Como resultado da revelação divina, podemos descobrir muito acerca de Deus.

Deus: O Ser Eterno

Desde o tempo dos escritores bíblicos até hoje, o povo de Deus tem repetidamente afirmado que Deus existe e que Deus é eterno na Sua natureza. Essas crenças são claras desde as declarações iniciais da Bíblia, que dizem, "No princípio, criou Deus..." (Génesis 1:1). As primeiras palavras de Génesis indicam que Deus existiu antes do tempo e da criação começarem e que a existência de Deus não está dependente do mundo natural e material.

Ou seja, Deus não tem início ou ponto de partida - Deus apenas é. Porque a existência eterna de Deus era uma crença fundamental para os escritores bíblicos, o ateísmo (a crença de que Deus não existe) não era uma opção. O salmista afirmou com força, "Disse o néscio no seu coração: Não *há* Deus" (Salmos 53:1a).

Além disso, visto que Deus não tem origem e existe independentemente da criação e do tempo, Deus também é a fonte criativa para tudo o que veio a existir. Ademais, a Igreja afirma a natureza eterna de Deus. Assim como Deus não tem ponto de partida ou de início, Deus também não tem final. O texto bíblico enfatiza que Deus é "de século a século" (Salmos 41:13, 106:48); que "Ele mesmo é o Deus vivo e o Rei eterno" (Jeremias 10:10); e que Ele "não morrerá" (Habacuque 1:12).

Os vários nomes para Deus no Velho Testamento também indicam a Sua natureza eterna. Deus é chamado *El Olam*, significando "o Deus eterno ou perpétuo" (Génesis 21:33). Deus também é conhecido pelo nome de *Yahweh*. Este nome, que foi revelado a Moisés na sarça ardente é, de facto, baseado no verbo hebraico "ser", a própria palavra da existência. Assim, o nome divino *Yahweh* implica o eterno ser de Deus. Quando Moisés queria conhecer a identidade de Deus, Deus simplesmente Se referiu a Si próprio como "Eu Sou" (Êxodo 3:14).[1]

Deus: O Criador dos Céus e da Terra

A Igreja também declara que o Deus trino é o Criador e Sustentador deste universo e de tudo o que nele há. Ao longo do Velho e do Novo Testamentos, os escritores bíblicos afirmam a actividade criativa de Deus. A noção de Deus como Criador é tão fundamental para a identidade de Deus, que ela literalmente permeia todas as porções das Escrituras. As referências à função de Deus como Criador podem ser encontradas, por exemplo, no Pentateuco (Génesis 1–3); nos Profetas (Isaías 40:12–28; Jonas 1:9); nos Salmos (8; 74:12–17; 104); e na literatura de sabedoria (Provérbios 8:22–30; Job 38–39).

No Novo Testamento, o apóstolo Paulo reforça esta ideia: "O Deus que fez o mundo e tudo que nele há, sendo Senhor do céu e da terra, não habita em templos feitos por mãos de homens; nem tão-pouco é servido por mãos de homens, como que necessitando de alguma coisa; pois ele mesmo é quem dá a todos a vida, e a respiração, e todas as coisas" (Actos 17:24-25). A doutrina de Deus como Criador é integral à teologia cristã e ocupa uma função central nas doutrinas cardinais da Igreja.

O Credo de Nicéia, por exemplo, afirma esta crença na sua declaração de abertura: "Cremos num Deus, o Pai, o Todo-Poderoso, que fez o céu e a terra e tudo o que é visível e invisível".[2]

---

[1] Deus também Se identifica neste versículo como "EU SOU O QUE SOU" ou "EU SEREI O QUE SEREI".
[2] Bruce L. Shelley, *Church History in Plain Language* (Nashville: Nelson, 1995), 102.

Como Criador, então, Deus governa como Senhor soberano sobre todas as coisas que trouxe à existência. Toda a criação Lhe pertence. Por isso, toda a criação é chamada a dar louvor e honra ao Senhor (Salmos 148:3–10). Visto que Deus criou tudo para a Sua glória, honra e propósito, toda a criação encontra a sua profunda realização e significado no Seu criador.

Deus: O Ser Relacional

Além de ser eterno e Criador, Deus também é relacional na Sua natureza. Deus deseja um relacionamento pessoal com a criação. Apesar de Deus ser santo e transcendente, moralmente puro e justo, perfeito em sabedoria e propósito, Deus deseja ter comunhão connosco, humanos assediados por fragilidades, fraquezas e desobediência. Desde o início, Deus tem mostrado a Sua intenção de estar finalmente envolvido connosco e com o mundo que Ele trouxe à existência. Em Génesis 2-3, por exemplo, Deus criou o homem e a mulher, caminhou com eles no jardim e desfrutou de comunhão regular com eles.

Deus também entrou em relacionamentos pactuais com o Seu povo em vários tempos ao longo da história. Em Hebreus, a palavra para "pacto" é *berith*. Este termo implica uma ligação ou um acordo solene ou juramento feito entre duas partes. Ajuda a definir as funções das partes envolvidas, definindo os parâmetros e orientações para o relacionamento. Deus estabeleceu este tipo de relacionamento com Abraão, o pai do povo israelita (Génesis 15, 17), e também com o povo de Israel (Êxodo 20–24).

Deus, na Sua misericórdia e graça, não apenas iniciou a aliança e chamou o povo a um relacionamento com Ele, mas também providenciou os meios pelos quais o relacionamento de aliança poderia ser mantido. Para o povo de Israel, Deus providenciou instrução para que eles soubessem como viver de uma forma que Lhe agradasse. Deus também mandou o povo construir o tabernáculo, que simbolizava o lugar onde a presença de Deus habitava na comunidade e onde as ofertas e sacrifícios poderiam ser feitos (Êxodo 26:30-37). Finalmente, Deus estabeleceu o sacerdócio. Os sacerdotes funcionavam como mediadores, servindo como a ligação comunicativa entre Deus e o povo de Israel, por representarem o povo perante de Deus e Deus perante o povo (Êxodo 28–29; 39).

I. O DEUS TRINO

As metáforas que a Bíblia usa por vezes para descrever Deus também inferem o relacionamento íntimo de Deus com a humanidade. Deus é retratado como um pai amoroso que ensina os Seus filhos a caminharem e como aquele que "lhes tira o jugo de sobre as suas queixadas" (Oséias 11:3-4). A Bíblia também se refere ao povo de Israel como filho de Deus (Oséias 11:1). Noutras alturas, a intimidade entre Deus e o povo de Deus é retratada como um relacionamento conjugal (Oséias 2). A linguagem e metáforas familiares estendem-se até ao Novo Testamento, quando o crente que é adoptado como filho de Deus se refere a Deus com o termo cativante "*Abba*, Pai" (Romanos 8:15).

Então, é a natureza relacional de Deus e o Seu desejo intenso para ter comunhão connosco que tornam necessário que Ele Se revele mais tarde como um ser humano na forma de Jesus Cristo e como espírito na forma do Espírito Santo. Ao escolher tomar a forma de humano e de espírito, Deus pode relacionar-Se connosco de formas mais pessoais e íntimas.

Questões para Reflexão ou Debate

Pense acerca do material que leu no capítulo 1 e considere as seguintes questões. Use, sempre que possível, referências bíblicas para fortalecer as suas respostas.

1. Que idade tinha quando se tornou consciente de Deus pela primeira vez?

2. O que motivou a consciência de Deus em si?

3. Que função tem o mundo da natureza em dar-lhe pistas acerca de Deus?

4. Que função tem o reino animal em dar-lhe pistas acerca de Deus?

5. Que função têm a beleza e o mistério do espaço em darem-lhe pistas acerca de Deus?

6. Que função têm as incríveis complexidades dos nossos corpos em darem-lhe pistas acerca de Deus?

7. Que função têm os eventos do mundo natural (padrões climáticos, estações, etc.) em darem-lhe pistas acerca de Deus?

8. Que função têm as circunstâncias, ciclos e estações da sua vida em darem-lhe pistas acerca de Deus?

9. Que função tem Jesus Cristo em informá-lo sobre Deus?

10. Que função tem a Bíblia em informá-lo acerca de Deus?

11. Considerando os vários aspectos e fontes nomeadas nas questões 3 a 10, liste o máximo de atributos, características e qualidades de Deus que conseguir.

12. Porque é que a Igreja do Nazareno fala tanto acerca dos atributos da santidade e do amor de Deus?

13. O que é que a Bíblia quer dizer quando descreve Deus como eterno?

14. O que é que a Bíblia quer dizer quando diz que Deus não tem origens e que existe independentemente da criação e do tempo?

15. O que aprende sobre Deus ao estudar os vários nomes usados na Bíblia para O identificar?

16. Porque é que Deus Se revela tão claramente a nós?

17. Compare o desejo de Deus por Se relacionar connosco com o relacionamento de amor entre pais e filhos.

18. Como é que o nosso relacionamento com Deus se parece ao relacionamento entre um par casado?

19. Pense acerca ou debata como é que conhecemos e nos relacionamos com Deus como Pai, Filho e Espírito Santo.

20. Crie uma analogia ou um diagrama para explicar o conceito da Trindade a um amigo.

O SALVADOR DO MUNDO

por Filimão M. Chambo

Filimão M. Chambo serve como superintendente geral da Igreja do Nazareno

II. Jesus Cristo

Cremos em Jesus Cristo, a Segunda Pessoa da Santíssima Trindade; que Ele é eternamente um com o Pai; que encarnou pelo Espírito Santo e nasceu da Virgem Maria e, assim, duas naturezas perfeitas e completas, isto é, a divindade e a humanidade, se uniram em uma Pessoa, verdadeiro Deus e verdadeiro homem, o Deus-homem.

Cremos que Jesus Cristo morreu pelos nossos pecados e que Ele verdadeiramente ressuscitou dos mortos e tomou de novo o Seu corpo juntamente com tudo o que pertence à perfeição da natureza humana, e com isto subiu ao céu, onde Se ocupa em interceder por nós.

(Mateus 1:20-25; 16:15-16; Lucas 1:26-35; João 1:1-18; Actos 2:22-36; Romanos 8:3, 32-34; Gálatas 4:4-5; Filipenses 2:5-11; Colossenses 1:12-22; I Timóteo 6:14-16; Hebreus 1:1-5; 7:22-28; 9:24-28; I João 1:1-3; 4:2-3,15)

"E, projectando ele isto, eis que em sonho lhe apareceu um anjo do Senhor, dizendo: José, filho de David, não temas receber Maria, tua mulher, porque, o que nela está gerado é do Espírito Santo; E dará à luz *um* filho, e chamarás o seu nome Jesus; porque ele salvará o seu povo dos seus pecados" (Mateus 1:20–21).

Jesus Cristo é a segunda pessoa do Deus trino. Ele estava com Deus no princípio e através D'Ele todas as coisas foram criadas (João 1:2–3; Colossenses 1:15–17). Através de Jesus todas as coisas foram criadas boas, livres do mal e funcionavam como Deus pretendia (Génesis 1:4, 31). Mas quando a humanidade escolheu o mal em detrimento do bem, o pecado entrou no mundo e trouxe com ele consequências dolorosas. Como resultado do pecado, a maldade da raça humana aumentou e cada inclinação dos pensamentos dos corações humanos tornou-se crescentemente má (Génesis 6:5).

A restauração do bem na criação de Deus requeria, agora, redenção, porque não nos podíamos salvar da confusão que criámos. Na sabedoria e amor de Deus, Jesus - através do Qual todas as coisas foram criadas - foi o Redentor que veio ao mundo confuso - criado como bom - para trazer restauração e salvação, para reconciliar o mundo com Deus.

A Sua Entrada Milagrosa

O milagroso nascimento virginal de Jesus Cristo marcou o amanhecer de uma nova era. Foi significante, algo novo, algo que nunca antes tinha sido visto, e algo que nunca mais foi visto. Apenas Deus poderia fazer tal acto milagroso. Para o povo de Israel, não era segredo que o poder e autoridade de Deus transcendem as leis da natureza. O nascimento de Isaque (Génesis 21:1-7) e o de João Baptista (Lucas 1) são exemplos da expressão das obras maravilhosas de Deus que transcendem as leis da natureza. No entanto, o nascimento de Cristo suplanta qualquer um.

Jesus, "a imagem do Deus invisível" (Colossenses 1:15), a expressão visível, verdadeira reflexão e a representação física de Deus, vem pelo Espírito Santo e nasce da virgem Maria para que duas naturezas completas e perfeitas - a divina e a humana - se unam em Jesus Cristo, que é ungido e nomeado por Deus para salvar o mundo. "Descerá sobre ti o Espírito Santo, e a virtude do Altíssimo te cobrirá com a sua sombra; pelo que, também, o Santo, que de ti há de nascer, será chamado Filho de Deus" (Lucas 1:35).

O Seu Ministério Milagroso

Apesar de, ao longo do Velho Testamento, o povo de Israel ter antecipado a vinda do Messias para a sua salvação, eles pareciam não ter qualquer expectativa de que Ele viesse como veio. Aparentemente também não tinham compreendido que o plano de Deus para a restauração do mundo incluiria a morte de Jesus na cruz e a Sua ressurreição ao terceiro dia. O Seu nascimento, morte e ressurreição são sinais milagrosos que encontram significado em Deus. Os milagres, sinais e maravilhas que

II. JESUS CRISTO

Jesus fez são o resultado do poder que deriva do Pai. Os escritores do Novo Testamento estão de acordo que Jesus vem de Deus e que o poder de Deus está a trabalhar em e através D'Ele à medida que Jesus faz os negócios do Seu Pai e estabelece o reino de Deus - um reino que quebra o mundo de trevas e activamente age para reconciliar o mundo com Deus.

A morte e ressurreição de Cristo revelam a imagem de Deus ao mundo. A expressão do amor de Deus para a humanidade e a possibilidade de perdão do pecado, uma vida transformada e um relacionamento reconciliado com Deus em e através de Cristo (I João 3:1–10) são para aqueles que crêem em Jesus Cristo. E àqueles que têm sido transformados por Cristo é-lhes prometida vida eterna, tornada possível como resultado da vitória de Cristo sobre a morte (I Coríntios 15:12, 20; I Tessalonicenses 4:13–18). A ressurreição de Cristo garante-nos que Deus tem poder e autoridade sobre a criação. Nem mesmo a morte pode limitar o poder de Deus. Deus pode trazer à vida o que estava morto. "Tragada foi a morte na vitória" (I Coríntios 15:54b).

A Sua Salvação Milagrosa

Ainda assim, apesar do mundo estar num estado caótico e, por causa do pecado e das suas consequências, as coisas parecerem piorar, há grande optimismo para a cura da condição humana e o mundo. Através de Jesus Cristo, a salvação é acessível a todos! À medida que os povos, comunidades e vilas clamam pelo nome de Jesus em arrependimento e recebem perdão dos pecados, são capacitados pelo Senhor a viver vidas vitoriosas e a ser testemunhas do novo reino de Deus. Assim, Jesus comissiona os Seus seguidores, a Igreja, "ide e fazei discípulos de todas as nações, baptizando-os em nome do Pai e do Filho e do Espírito Santo, ensinando-os a obedecer a tudo o que vos tenho mandado" (Mateus 28:19–20a).

A Igreja, marcada por Jesus Cristo, deve ser o reflexo e a expressão de Jesus Cristo para o mundo. O poder da Igreja deve derivar de Jesus. À parte de Cristo, não podemos e não iremos dar fruto (João 15:1–17). Somos chamados a juntar-nos à revelação de Jesus ao mundo e a fazermos parceria com Ele na Sua missão de reverter os efeitos do pecado. Somos chamados a revelar o romper do reino de Deus no mundo de escuridão. Os marcados por Jesus tornam-se o mostruário de Deus ao mundo, testemunhando do facto de que a salvação e redenção estão disponíveis para todos. As pessoas não precisam viver escravizadas ao poder do mal, porque Cristo tem o poder de libertá-las do mal e do seu poder. O pecado trouxe desordem ao mundo, mas a morte de Cristo providencia uma forma de o curar.

Jesus Cristo não apenas nos liberta do pecado e do seu poder, mas também sustenta a Sua criação. "E todas as coisas subsistem por ele" (Colossenses 1:17b). Assim, quando confessamos que cremos em Jesus Cristo, afirmamos que colocamos a nossa confiança n'Ele e reconhecemos que a forma de viver de Jesus Cristo é o que Deus pretende para toda a humanidade. Crer em Jesus Cristo significa comprometer cada aspecto das nossas vidas ao Seu senhorio. É uma escolha de viver em obediência aos Seus ensinos e na certeza da esperança que Ele nos ampara com o Seu maravilhoso poder.

Questões para Reflexão ou Debate

Pense acerca do material que leu no capítulo 2 e considere as seguintes questões. Use, sempre que possível, referências bíblicas para fortalecer as suas respostas.

1. Como é que a sua compreensão de Jesus expande quando considera que Ele estava directamente na criação do nosso mundo (João 1:2–3; Colossenses 1:15–17)?

2. Porque é que a concepção ou nascimento virginal de Jesus é importante à fé cristã?

3. Explique a sua compreensão de como Jesus Cristo é 100% Deus e 100% homem ao mesmo tempo.

4. O que aprendemos acerca do amor de Deus pela humanidade quando compreendemos que o plano de salvação de Deus por nós incluía a morte de Jesus na cruz?

5. O que aprendemos acerca do poder de Deus quando celebramos Deus a levantar o Seu filho do túmulo ao terceiro dia?

6. Qual é a razão para o grande optimismo dos crentes de que Deus curará a condição humana e o mundo?

7. De que forma é que clamar pelo nome de Jesus em arrependimento e receber perdão dos nossos pecados muda as nossas vidas?

8. Como é que a vinda de Jesus ao nosso mundo inaugura o reino de Deus na terra de uma nova forma?

9. Porque é que Jesus mandou os Seus seguidores "ide e fazei discípulos de todas as nações, baptizando-os em nome do Pai e do Filho e do Espírito Santo, ensinando-os a obedecer a tudo o que vos tenho mandado" (Mateus 28:19–20a)?

10. Qual é o seu envolvimento em fazer discípulos como Jesus mandou?

11. Como poderá melhorar o seu esforço de fazer discípulos?

12. Como é que você e a sua comunidade de fé são reflexos de Jesus Cristo no vosso mundo?

13. Como é que recebemos o poder divino necessário para continuar a obra de Jesus Cristo no nosso mundo?

14. Jesus tem uma missão de reverter os efeitos do pecado no nosso mundo; como é que fazemos parceria com Ele nessa missão?

15. Que evidência encontra de que Jesus está envolvido na Sua missão no nosso mundo?

16. O pecado escraviza as pessoas com dependência, servidão, arrependimento, dor e desespero; Jesus oferece o poder de libertar as pessoas do pecado. Quais são as melhores maneiras de levar essa mensagem para aqueles que precisam ouvir isso?

17. Como é que Jesus sustenta o nosso mundo assim como as vidas pessoais dos Seus seguidores?

18. O que queremos dizer quando dizemos que Jesus é Senhor?

VIDA NO ESPÍRITO

por Olivia Metcalf

Olivia Metcalf e o seu esposo, Dustin, servem como directores de formação espiritual e como capelães na Northwest Nazarene University em Nampa, Idaho.

III. O Espírito Santo

Cremos no Espírito Santo, a Terceira Pessoa da Santíssima Trindade; que Ele está sempre presente e operando eficientemente dentro da Igreja de Cristo e com ela, convencendo o mundo do pecado, regenerando aqueles que se arrependem e crêem, santificando os crentes e guiando em toda a verdade tal como está em Jesus.

(João 7:39; 14:15-18, 26; 16:7-15; Actos 2:33; 15:8-9; Romanos 8:1-27; Gálatas 3:1-14; 4:6; Efésios 3:14-21; 1 Tessalonicenses 4:7-8; 2 Tessalonicenses 2:13; 1 Pedro 1:2; 1 João 3:24; 4:13)

Recentemente fiquei em Jessore, Bangladesh, numa sala de aula quente e húmida com os pés descalços, cercada por estudantes que se preparavam para o ministério. Eu, o meu esposo e os meus pais tínhamos ouvido as experiências e testemunhos dos estudantes. Visto que o nosso tempo juntos estava a chegar ao fim, tomámos a Santa Ceia. Apesar de não nos compreendermos uns aos outros sem um tradutor, havia uma ligação naquele lugar, uma comunidade que era profunda e ampla. O Espírito Santo estava ali.

O Espírito Santo tem estado sempre aqui

Em Génesis 1, o Espírito de Deus pairava sobre as águas e a criação ganhou vida. Em Génesis 2, Deus inclinou-Se e formou os seres humanos do pó e o sopro (Espírito) de Deus trouxe-os à vida.

Quando o povo de Deus era escravo no Egipto, Deus ouviu os seus pedidos de ajuda. A história de Moisés no livro de Êxodo é acerca do Espírito a chegar ao indivíduo e a capacitá-lo e fortalecê-lo a cumprir a vontade de Deus no mundo. O povo hebraico, morto na escravatura, foi trazido à vida como filhos de Deus pela obra do Espírito.

Os períodos de exílio, pecado, desespero e separação nas Escrituras são marcados por profetas cheios do Espírito, que eram usados como vozes da verdade num mundo de mentiras. Os profetas oferecem sempre às pessoas uma escolha entre morte ou vida.

Depois veio Jesus Cristo, o Filho de Deus. No Seu primeiro sermão, Ele leu do pergaminho do profeta Isaías e revelou que aquelas antigas palavras estavam agora a ser cumpridas. Em Lucas 4:18, Jesus disse, "O Espírito do Senhor está sobre mim." Jesus anunciou que a Sua vida, morte e ressurreição trariam liberdade, visão, esperança e vida para todos os povos. Como aconteceria isto? Jesus disse que tinha a ver com o Espírito Santo.

A igreja primitiva, fortalecidas pelos sinais da ressurreição, encontrava-se em oração e aprendizagem. Num desses encontros o Espírito veio e capacitou-os a fazer coisas que nunca tinham feito antes. Espalhar o Evangelho é a mensagem importante de Actos 2 - não as línguas. Quando o Espírito vem sobre nós, há nova vida.

O Espírito Santo parece difícil de medir

Nós *cremos* que o Espírito Santo, uma pessoa da Trindade, Se está a mover e é activo no nosso mundo. Mas penso que lutamos muito para *explicar* o Espírito. Por vezes é mais fácil compreender Deus o Pai, o Criador, a Fonte. Podemos entender o Filho de Deus, Jesus Cristo, que tinha carne e sangue, alegria e tristeza, tentação e vitória, da mesma forma como nós temos. No entanto, o Espírito é como o vento; consigo senti-Lo, mas não O consigo ver. O Espírito é imprevisível e incontrolável. O Espírito Santo é como as línguas de fogo.

Apesar de crermos no Espírito Santo, podemos não ser capazes de definir simplesmente quem é o Espírito. As Escrituras lembram-nos vez após vez que o Espírito é dado e também dá. Talvez este seja o lugar onde devemos começar. Os nossos pais e mães na fé da antiguidade definem o Espírito como "o Senhor, o Doador da vida." Esta é uma definição abrangente. O Espírito Santo dá plenitude de vida.

Cremos que esta dádiva de vida começa com condenação, que não é, de facto, um presente muito agradável. O que fazemos com a condenação que experimentamos é crucial. Se virmos o dom condenador do Espírito como uma maldição, então não receberemos mais dons do Espírito. Devemos ouvir o Espírito e arrepender-nos dos nossos pecados porque é dessa forma que o Espírito nos dá vida.

Quando recebemos esta vida, faríamos bem lembrar que é o Espírito Santo Aquele que condena. Os cristãos muitas vezes tomam esta obra nas suas próprias mãos, causando muitos danos. Somos chamados a ser luz e sal, não a julgar e a ser juízes. Quando vivemos em Cristo, pelo Espírito, somos sal e luz. Temperamos e trazemos luz ao mundo de tal forma que o trabalho de condenação do Espírito pode ser experimentado por causa do contraste que oferecemos. O Espírito condena. Nós somos chamados a viver fielmente.

Depois da condenação e arrependimento vem o dom da regeneração. Isto é, a experiência da salvação. É vida nova. Jesus Cristo, através da Sua vida, morte e ressurreição tem feito um caminho para estarmos num relacionamento correcto com Deus. Estamos mortos nos nossos pecados; estamos vivos em Cristo através do Espírito. Esta vida vem com uma responsabilidade. Não somos chamados a condenar; em vez disso, somos chamados para ser vasos de vida!

O Espírito Santo traz companheirismo divino

O dom que recebemos do Espírito não é para que ser guardado para uso futuro. A vida no Espírito deve ser partilhada hoje. Somos convidados a associar-nos com Deus para trazer vida. Onde há quebrantamento e desespero, podemos oferecer cura e esperança através do Espírito. Onde há perda e confusão, podemos trazer significado e verdade através do Espírito.

Santificação é o dom que segue a regeneração. Não podemos ganhar a santificação. Não podemos fazer acções suficientemente boas para merecer a santidade. Não podemos fazer os gestos correctos, ir a cultos suficientes da igreja, ou memorizar as Escrituras para juntar pontos para a santificação. O Espírito dá-nos esta plenitude de vida. À medida que crescemos, à medida que nos rendemos, aprendemos a amar a Deus e aos outros e pela graça de Deus somos preparados para receber a santificação. Quando desenvolvermos o nosso relacionamento com Deus, estaremos prontos para experimentar a plenitude que o Espírito dá - o dom do perfeito amor por Deus e pelos outros.

A obra do Espírito Santo nunca acaba

O risco entra em jogo quando permitimo-nos crer que a santificação é o fim da obra do Espírito. Podemos crer que chegámos ao fim e de que não temos mais nada a receber do Espírito. Ainda assim, há um dom maior a receber, que é o crescimento. Sem crescimento não há vida. Devemos continuar a aprender, a conhecer e a experimentar a pessoa de Cristo. O Espírito capacita o crescimento.

Se estivermos abertos e disponíveis para aprender, não haverá fim da obra do Espírito em nós. Precisamos ser um povo que estuda a Palavra de Deus, que adora com outros crentes em unidade, que mantém os nossos olhos focados em Jesus e que recebe a obra do Espírito diariamente.

Os sinais das nossas vidas, moldados pela obra do Espírito, serão fruto. "Mas o fruto do Espírito é: amor, gozo, paz, longanimidade, benignidade, bondade, fé, mansidão, temperança. Contra estas coisas não há lei" (Gálatas 5:22-23). As pessoas frequentemente falam do fruto do Espírito como sendo milagres. Até já ouvi algumas pessoas a dizerem que, a menos que essas acções milagrosas aconteçam, o Espírito não está presente. Lembremo-nos que o fruto de uma vida cheia do Espírito é milagroso em e de si mesmo.

O mundo precisa ver seguidores de Cristo que amam, levam vidas de gozo e que fazem paz num mundo cheio de violência. O mundo está desesperado por cristãos que são pacientes, amáveis, bons e fiéis. As pessoas anseiam por testemunhas cristãs que são gentis e que têm autodomínio na pecaminosidade descontrolada à nossa volta. Se pudermos exibir esses dons do Espírito, os nossos casamentos, famílias, amizades, lugares de trabalho, escolhas, comunidades - de facto, todo o mundo - seriam diferentes por causa da obra de dar vida do Espírito em nós.

Sou agradecida por fazer parte de algo maior do que eu mesma. O mundo diz-me que devo desejar riqueza, poder e segurança. Poderia crer nisto se não conhecesse algo maior. Felizmente, a Igreja tem-me ensinado que sou feita à imagem de Deus; devo ser plena, crescendo à semelhança de Cristo pela obra do Espírito Santo. Nesse dia em Bangladesh, senti a camaradagem dos irmãos e irmãs a experimentarem o poder do Espírito Santo, sendo moldados e formados à imagem de Cristo e o trazerem vida ao mundo através da obra transformadora do Espírito.

Sempre que a ordem emergir do caos, o Espírito está a trabalhar.

Sempre que a esperança brota do desespero, o Espírito está a trabalhar.

Sempre que houver vida, o Espírito está a trabalhar.

Que o nosso desejo seja agora, e sempre, andar no Espírito (Gálatas 5:25).

Questões para Reflexão ou Debate

Pense acerca do material que leu no capítulo 3 e considere as seguintes questões. Use, sempre que possível, referências bíblicas para fortalecer as suas respostas.

1. Como explicaria a pessoa do Espírito Santo a alguém que deseja aprender mais da fé cristã?

2. Como explicaria a obra do Espírito Santo a alguém que deseje aprender mais da fé cristã?

3. Porque é que muitas pessoas acham mais difícil descrever o Espírito Santo do que o Pai ou o Filho?

4. Actos 2 conta a história da vinda do Espírito Santo em novas formas no Pentecostes. A Sua vinda resultou nos seguidores de Cristo a partilharem a mensagem do Evangelho com todos que os ouvissem. Como é que o Espírito Santo trabalha em nós para partilharmos hoje a mensagem do Evangelho?

5. Dê exemplos do Espírito Santo a condenar indivíduos pelos seus pecados.

6. Como é que o nosso arrependimento do pecado é um dom de Deus?

7. Como é que o Espírito Santo usa o nosso arrependimento do pecado e expressões de fé em Jesus para trazer a nova vida (regeneração)?

8. O que é que a autora deste capítulo quer dizer quando diz, "Somos chamados a ser luz e sal, não a julgar e a ser juízes"?

9. Como podemos entrar em parceria com Deus para oferecermos uma nova vida a quem precisa?

10. Qual é o dom do Espírito que a Bíblia chama de santificação?

11. Como é que o dom de santificação de Deus nos enche com o amor perfeito por Deus e pelos outros?

12. Como explica o crescimento progressivo que acontece nas vidas dos crentes à medida que continuam a aprender, conhecer e experimentar a pessoa de Cristo?

13. Como é que o Espírito nos ensina à medida que:
    - Estudamos a Palavra de Deus?
    - Adoramos com outros crentes em unidade?
    - Mantemos os nossos olhos focados em Jesus?
    - Recebemos, diariamente, a obra do Espírito?

14. Descreva como o fruto do Espírito listado em Gálatas 5:22-23 se manifesta nas vidas dos crentes.

15. Como manifestamos o poder de Deus a operar no mundo enquanto vivemos vidas diárias que manifestam o fruto do Espírito?

16. Como é que o Espírito cresce em nós à semelhança de Cristo à medida que O seguimos diariamente?

17. Dê exemplos de como o Espírito Santo trabalha:
    - Dando ordem no caos
    - Dando esperança em tempos de desespero
    - Oferecendo vida

4 O SIGNIFICADO DA VIDA

por Jorge L. Julca

Jorge L. Julca é o reitor do Seminário Teológico Nazareno del Cono Sur em Buenos Aires, Argentina e é o coordenador regional de educação na região da América do Sul.

IV. As Escrituras Sagradas

Cremos na inspiração plena das Escrituras Sagradas, pelas quais entendemos os 66 livros do Antigo e Novo Testamentos, dados por inspiração divina, revelando sem erros a vontade de Deus a nosso respeito em tudo o que é necessário à nossa salvação, de maneira que o que não se encontra nelas não pode ser imposto como artigo de fé.

(Lucas 24:44-47; João 10:35; 1 Coríntios 15:3-4; 2 Timóteo 3:15-17; 1 Pedro 1:10-12; 2 Pedro 1:20-21)

Nota do Editor: *Do amor de Deus pela criação vem um desejo de comunicar connosco. Ao longo do tempo, os relatos verbais da interacção de Deus com a humanidade levaram a versões escritas dessas histórias. A Palavra escrita cresceu à medida que alfabetos, instrumentos escritos e métodos adicionais de comunicação não verbal vieram a existir.*

Como Igreja do Nazareno, temos criado a nossa jornada teológica e doutrinas ao longo da história da igreja. Ao longo desse caminho, as Escrituras têm sido primordiais na vida da nossa igreja. As Escrituras não têm apenas sido parte da nossa herança reformada do século XVI (*sola Scriptura*), mas também têm constituído o nosso legado arminiano e wesleyano. Jacobus Arminius escreveu, "Apenas nas Escrituras temos a infalível Palavra de Deus e em mais lado nenhum."

Esperança de Redenção

As Escrituras contam-nos a história da salvação, que se estende de Génesis até Apocalipse. Oferecem-nos a auto-revelação de Deus através dos Seus maravilhosos actos bem como através do Verbo feito carne, o Seu Filho, Jesus Cristo. O principal propósito de Deus ao longo das Escrituras é o de oferecer à humanidade a esperança da redenção do pecado e morte. Juntamente com esse propósito há uma harmonia perfeita entre os profetas, as palavras de Jesus e dos apóstolos sobre a mensagem essencial da Bíblia.

A nossa identidade e pertença como nazarenos pode ser dividida em poucos e fundamentais aspectos. Um tem a ver com a nossa aceitação da plena inspiração dos sessenta e seis livros que constituem o Velho e o Novo Testamentos. A plena inspiração significa que a Bíblia, na sua totalidade, é a Palavra de Deus. Esta crença aplica o nosso reconhecimento de que todos os autores bíblicos, pertencendo a vários estratos sociais, escrevem diferentes géneros literários dentro dos seus próprios contextos, culturas e antecedentes. Mas também reconhecemos que toda a Escritura é inspirada pelo Espírito (2 Timóteo 3:16). A Bíblia representa uma maravilhosa integração da diversidade e unidade com um propósito redentor.

A interpretação nazarena acerca da inspiração das Escrituras também mantém em correcto equilíbrio o elemento divino-humano da Escritura e partilha a mesma natureza dual da Palavra tornada carne. Esta analogia cristológica dá evidência de outro aspecto distinto da declaração de fé que as Escrituras "revelam sem erros a vontade de Deus para nós em todas as coisas necessárias à salvação." Compreender isto é de suma importância. Aqui reside o reconhecimento que, neste processo dinâmico, Deus, através do Espírito Santo, assegura a existência de um relato preciso e verdadeiro da Sua vontade, incluindo todas as coisas pertinentes à nossa redenção em Cristo.

O que Crer e Como Viver

A relevância das Escrituras na fé cristã como o padrão da fé e conduta é provada como fundamental. Através das Escrituras conhecemos Deus, que Se revela para estabelecer o que devemos crer (a nossa doutrina, a nossa declaração de fé), incluindo a forma como devemos viver (o nosso código de ética).

No entanto, talvez as questões mais repetidas em relação à Bíblia e à sua mensagem têm a ver com a sua aplicação e relevância para a vida diária. Podemos questionar-nos: Que bem encontramos na Bíblia? Apesar do fosso histórico que nos separa do tempo em que foi escrita, será que a Palavra tem hoje respostas para nós? Podemos confiar na sua mensagem?

O autor de Hebreus deixou-nos uma declaração clara e simples: "Porque a palavra de Deus é viva e eficaz, e mais penetrante do que espada alguma de dois gumes, e penetra até à divisão da alma e do espírito, e das juntas e medulas, e é apta para discernir os pensamentos e intenções do coração" (4:12). A primeira afirmação destaca a validade da Bíblia, a sua fidelidade e a sua relevância para as nossas situações presentes. Significa que as Escrituras não têm data de validade e nunca serão uma coisa do passado. São mais actuais do que o jornal de amanhã. Como resultado, podemos confiar Nelas. A segunda afirmação, não menos importante, é acerca da eficácia da Bíblia. Segundo Hebreus 4:12, podemos estar confiantes de que a Palavra traz resultados, tem poder, oferece alívio, orientação e transforma vidas.

Sentido da Vida

A Palavra de Deus não é um livro de ciências nem um livro de história. Não foi escrita para dissipar a curiosidade humana. Em vez disso, tem as respostas para todas as questões dos seres humanos relativamente ao sentido da vida. Isso significa que, além de apenas ler as Escrituras, é imperativo que lhes obedeçamos diariamente. John Wesley disse, "O Espírito Santo não apenas inspirou aqueles que escreveram [a Bíblia], mas inspira continuamente, assiste de forma sobrenatural, aqueles que a lêem com sincera oração."

Ao longo do Velho e do Novo Testamentos, abundam as referências aos benefícios de obedecer à Palavra de Deus:

Aqueles que se deleitam Nela colhem uma vida sólida, firme e crescente (Salmos 1).

A pessoa que obedece aos seus mandamentos traz vida ao seu caminho (Salmos 119:105).

Aquele que é levado pelo conselho divino encontra o caminho certo para alcançar o propósito para o qual foi criado (Salmos 119:121–135).

Aqueles que cumprem os seus ensinos encontram um escape para a tentação (Mateus 4:1–11).

Os indivíduos que cumprem a Palavra vivem em comunhão com Deus (João 14:15–23).

Provérbios 4:20–22 é um convite claro para ouvir, ler, obedecer e manter a Palavra de Deus no centro de uma vida cristã vitoriosa: "Filho meu, atenta para as minhas palavras: às minhas razões inclina o teu ouvido. Não as deixes apartar-se dos teus olhos: guarda-as no meio do teu coração. Porque são vida para os que as acham, e saúde para o seu corpo."

Os verbos usados nesses versículos referem-se ao nosso relacionamento com a Palavra. Eles mostram uma intensidade crescente e o convite torna-se num mandamento. Manter perto a Bíblia tem o resultado imediato de encontrar sentido para as nossas vidas assim como cura para todos os tipos de doenças, sejam espirituais ou físicas.

Ao longo de toda a história da humanidade, milhões de pessoas têm sido inspiradas pelos ensinos morais e éticos das Sagradas Escrituras. Muitos têm sido redimidos pela Sua mensagem. À medida que obedecem aos seus preceitos, descobrem o segredo para uma vida completa e abundante como pretendida pelo nosso Criador.

Guia para a Comunidade de Fé

Finalmente, também precisamos reconhecer que a influência da Palavra de Deus transcende o domínio individual e alcança a esfera da comunidade de fé. Dessa perspectiva, precisamos questionar-nos: Que lugar é que a Palavra ocupa, hoje, no nosso trabalho como igreja? Em que medida é que os nossos modelos de adoração e liturgia, pregação, liderança ou pastorado passam pelo filtro da Palavra e são moldados por Ela?

À medida que viajamos por novas estradas como denominação, mantermo-nos firmes à nossa herança em relação à centralidade das Escrituras irá ajudar-nos a permanecer no conselho de Deus. Esta perspectiva ajuda-nos a encontrar respostas pertinentes e biblicamente saudáveis à medida que enfrentamos os novos desafios da nossa geração.

Questões para Reflexão ou Debate

Pense acerca do material que leu no capítulo 4 e considere as seguintes questões. Use, sempre que possível, referências bíblicas para fortalecer as suas respostas.

1. O que é que o autor deste capítulo quer dizer quando diz, "as Escrituras não têm data de validade e nunca serão uma coisa do passado"?

2. O conceito de *Sola Scriptura* vem da frase do latim que significa "apenas Escritura", indicando que as Escrituras são a fonte máxima de direcção para a fé e prática. Porque é que este conceito é tão importante para a Igreja do Nazareno?

3. Como é que as Escrituras revelam a história da salvação de Deus para a humanidade?

4. Como é que Deus revela quem Deus é e como é que Deus trabalha nas páginas das Escrituras?

5. Dê exemplos das Escrituras relativos à missão de Deus em oferecer-nos a esperança de redenção do pecado e da morte.

6. O que é que os nazarenos querem dizer quando falam da "plena inspiração" das Escrituras?

7. Identifique exemplos dos elementos divinos e humanos nas Escrituras.

8. Os nazarenos crêem que a Bíblia revela a vontade de Deus relativamente a tudo o que é necessário à nossa redenção em Cristo. Como é que esta compreensão difere daqueles que crêem que a Bíblia é uma fonte de autoridade em todos os assuntos, tais como ciência e história?

9. Dê exemplos de como a Bíblia revela a vontade de Deus:
   - No que devemos crer?
   - Em como devemos viver?

10. Como é que a Bíblia fala às questões quotidianas da vida?
11. Qual é a relação entre o Espírito Santo e a Bíblia?
12. O que é que dá a habilidade à Bíblia de:
    - Trazer resultados à vida das pessoas quando elas A lêem?
    - Oferecer alívio e orientação?
    - Transformar vidas?
13. Dê exemplos de como a Bíblia responde a uma questão central da existência humana: Qual é o significado da vida?
14. Como é que o Espírito Santo inspira continuamente e assiste sobrenaturalmente aqueles que lêem a Bíblia com oração sincera?
15. Nomeie alguns benefícios práticos de obedecer à Palavra de Deus.
16. Como é que a Bíblia revela o segredo para a vida completa e abundante, desejada por Deus?
17. De que formas é que a Bíblia oferece direcção para a adoração, pregação, liderança e pastorado na comunidade de fé?
18. Qual é a função essencial da Bíblia na sua vida?

LIBERDADE DO PECADO

por Svetlana Khobnya

Svetlana Khobnya é professora do estudo da Bíblia no Nazarene Theological College em Manchester, Inglaterra.

V. Pecado Original e Pessoal

Cremos que o pecado veio ao mundo através da desobediência dos nossos primeiros pais (Adão e Eva) e, pelo pecado, veio a morte. Cremos que o pecado se manifesta de dois modos: pecado original ou depravação, e pecado pessoal.

Cremos que o pecado original, ou depravação, é aquela corrupção da natureza de todos os descendentes de Adão pela qual o homem está muito longe da justiça original, ou seja do estado de pureza dos nossos primeiros pais (Adão e Eva) quando foram criados, é contrário a Deus, não tem vida espiritual e é inclinado para o mal, e isto continuamente. Cremos, ainda, que o pecado original continua a existir com a nova vida do regenerado, até que o coração seja inteiramente limpo pelo baptismo com o Espírito Santo.

Cremos que o pecado original difere do pecado pessoal, em que constitui uma propensão herdada para pecar, pela qual ninguém é responsável até o momento em que se negligencia ou se rejeita o remédio divinamente providenciado.

Cremos que o pecado pessoal constitui uma violação voluntária da vontade conhecida de Deus, feita por uma pessoa moralmente responsável. Portanto, não deve ser confundido com limitações involuntárias e inescapáveis, enfermidades, faltas, erros, falhas ou outros desvios de um padrão de perfeita conduta, que são os efeitos residuais da Queda do Homem. Contudo, tais efeitos inocentes não incluem atitudes ou respostas contrárias ao espírito de Cristo que podem em si mesmas ser consideradas pecados do espírito. Cremos que o pecado pessoal é, fundamental e essencialmente, uma violação da lei do amor; e, que em relação a Cristo, pecado pode ser definido como descrença.

(Génesis 3; 6:5; Job 15:14; Salmos 51:5; Jeremias 17:9–10; Mateus 22:36–40; Marcos 7:21–23; João 8:34–36; 16:8–9; Romanos 1:18–25; 3:23; 5:12–14; 6:15–23; 7:1–8:9; 8:18–24; 14:23; 1 Coríntios 3:1–4; Gálatas 5:16–25; 1 João 1:7–2:4; 3:4, 7–10)

Ninguém precisa ensinar-nos a dar preferência a nós mesmos e aos nossos desejos. Viemos a este mundo com o ego, claramente, em primeiro lugar. As crianças no parque infantil ilustram bem este fenómeno. O pecado original refere-se à condição humana pecaminosa. William Greathouse, antigo superintendente geral, estudioso e teólogo na Igreja do Nazareno explicou esta condição ao compará-la a uma doença. Esta doença é uma depravação moral e espiritual. O coração humano está inclinado para si mesmo e, inevitavelmente, desobedece a Deus. Não dizemos que um indivíduo é culpado perante Deus por causa do seu pecado original. Este tipo de pecado pode apenas tentar-nos a desobedecer a Deus e a preferir o nosso caminho ao caminho de Deus. Contudo, quando nos entregamos à tentação, tornamo-nos responsáveis pelo pecado pessoal. Entretanto, o pecado, como uma doença, é fatal se não for tratado.

Apesar da linguagem de uma doença ser útil, precisamos adicionar algo mais. Há doenças gerais e hereditárias. Aqueles que as têm são vítimas inocentes com algum tipo de deficiência incurável. Outras doenças podem ser curadas e não afectam mais os indivíduos. Algumas doenças vão-se embora sozinhas e nada precisa ser feito acerca delas. Mas o pecado difere de todas estas. Talvez possamos ser mais iluminados se olharmos novamente para as Escrituras.

Relacionamento Quebrado com Deus

Na história bíblica, a história humana começa sem pecado. O pecado só entra na história como consequência de sair da graça de Deus em Génesis 3. Ou seja, a pecaminosidade não é o estado natural da humanidade. A humanidade foi criada para viver um relacionamento contínuo com Deus, o Criador. Naturalmente precisamos de Deus e Ele nunca deixa de nos buscar para restaurar o Seu relacionamento connosco. Observamos esta verdade quando Deus chama Adão e os seus descendentes;

V. PECADO ORIGINAL E PESSOAL

no relacionamento pactual de Abraão com Deus; e, finalmente, na reconciliação através de Cristo. Portanto, o pecado é primariamente relacional. Tanto Génesis como Romanos descrevem a condição humana pecaminosa como alienação de um relacionamento com Deus. Começa como um relacionamento desfigurado com Deus, mas leva a uma iniquidade maior e tem maiores consequências (Romanos 6:23).

A Bíblia retrata a imagem do pecado numa escala global como um poder incontrolável que afecta todo o universo. Passa pela rebelião humana e chega ao mundo, escravizando todos. À medida que as pessoas se entregam à tentação, as mentes e intenções tornam-se obscurecidas. O pecado afecta e distorce a nossa humanidade para que, inevitavelmente, nos tornemos pecadores. A lei de Deus, o povo de Deus e toda a criação desviam-se das intenções originais de Deus, resultando na morte espiritual e no medo da morte física. O pecado torna-se mestre e senhor, resultando em escravatura total, da qual as pessoas não se conseguem libertar (Romanos 6:16, 20).

Por um lado, o pecado torna-se pessoal. É a nossa direcção autocentrada para longe de Deus. A Bíblia é clara ao dizer que: "Todos pecaram" (Romanos 3:23). A morte veio através do pecado, mas é espalhada a todos porque todos pecaram (Romanos 5:12). Ninguém consegue escapar ao poder do pecado (Salmos 51). Paulo fala da nossa solidariedade em Adão (Romanos 5:12). Por um lado, cada um de nós decreta novamente a queda e somos pessoalmente responsáveis pelas nossas acções pecaminosas (Ezequiel 18; 1 João 3:4).

Por outro lado, o pecado tem as suas consequências globais e corporativas. Quando o relacionamento com Deus está distorcido, todos os relacionamentos tornam-se distorcidos e todas as esferas da vida são afectadas. O pecado corrompe a raça humana - não apenas indivíduos, mas também famílias, sociedades, políticas, economia e cultura. Todas as pessoas partilham solidariedade na sua pecaminosidade acumulada porque somos todos membros uns dos outros e afectamos uns aos outros. Todos nós nascemos num ambiente onde o pecado já está presente e onde é mais fácil fazer o mal do que ser orientado para o bem. A criação também partilha das consequências da condição humana pecaminosa e geme ao antecipar a redenção da sua futilidade actual (Romanos 8:19–20).

A Cura para o Pecado

Então, qual é a cura para o pecado? O que traz liberdade? Qual é a visão bíblica sobre a salvação do problema do pecado?

Como doença, o pecado requer intervenção. A cura envolve o perdão e graça curadora de Deus e o nosso compromisso para com a restauração de Deus. Para nos libertar do poder do pecado e do espírito de escravatura, Cristo tomou a nossa condição humana e venceu o pecado pela Sua vida obediente e morte na cruz (Hebreus 4:15). Cristo veio em solidariedade com a humanidade e ainda assim permaneceu fiel e obediente em relação ao Pai para que Nele pudéssemos ser restaurados. Podemos participar numa nova solidariedade com Cristo e com a Sua obediência. Através D'Ele, podemos permanecer no domínio divino e ser equipados para resistir ao pecado.

Pecado Perdoado, Relacionamento Restaurado

Visto que o pecado afecta tudo de nós de forma pessoal, todos precisamos ser crucificados com Cristo de forma a sermos perdoados e restaurados no nosso relacionamento com Deus (Gálatas 2:19-20). Além disso, visto ainda vivermos num mundo caído, precisamos continuamente aprender de Cristo (Efésios 4:20-24) e sermos guiados pelo Seu Espírito (Gálatas 5:22-25).

A solução para o pecado é baseada na salvação corporativa em Cristo. Paulo, em particular, argumenta que a solidariedade corporativa em obediência a Cristo é bem mais do que uma combinação com a solidariedade corporativa que flui de Adão (Romanos 5:17-21). A oferta inconcebível de Deus em Cristo é a de reconciliar tudo com Ele próprio. Deus em Cristo quer libertar a humanidade do pecado em todos os seus aspectos, incluindo o pessoal, social, político, económico e contextual. A linguagem comunal define o palco para que os que estão em Cristo tenham uma influência corpórea entre eles (como Corpo de Cristo) e no mundo. Os que estão em Cristo estão corporativamente envolvidos e podem influenciar-se uns aos outros, as suas sociedades e o resto do mundo nos caminhos de amor e transformadores de Cristo até à conquista final do pecado na segunda vinda de Cristo.

V. PECADO ORIGINAL E PESSOAL

Essa conquista presume a morte e ressurreição com Cristo (Romanos 6:11). Morrer para o pecado e ressuscitar com Cristo é um conceito poderoso que nos convida a esvaziar-nos e a deixar que o Espírito Santo nos encha completamente. Em Cristo, o pecado já não é nosso senhor (Romanos 6:14). Com a nossa mente focada em Cristo e cheia com o Espírito Santo (Romanos 8:10), precisamos transformação contínua. Tendo-nos comprometido com Deus em Cristo pelo Espírito, precisamos continuar a resistir ao poder do mal no mundo (Efésios 6:10–18). Precisamos que Cristo, e o Seu Espírito, viva e reine, inteiramente, dentro de nós.

Questões para Reflexão ou Debate

Pense acerca do material que leu no capítulo 5 e considere as seguintes questões. Use, sempre que possível, referências bíblicas para fortalecer as suas respostas.

1. Dê exemplos de formas em que o pecado original orienta as pessoas, incluindo crianças, a darem preferência a elas mesmas e aos seus desejos pessoais.

2. Como é que o pecado é como uma doença?

3. Como é que o pecado difere de uma doença?

4. Porque é que a tentação para o pecado é tão poderosa?

5. Porque é que Deus nunca deixou de buscar a humanidade perdida depois dela ter pecado?

6. De que formas é que todos os pecados são uma alienação da relação com Deus?

7. Como é que o pecado é um poder que afecta todo o mundo?

8. Dê exemplos de como o pecado se torna mestre e senhor, resultando em escravatura total, da qual as pessoas não se conseguem libertar.

9. Como é que o pecado traz morte espiritual e acelera a morte física?

10. Como é que as consequências do pecado pessoal afectam famílias, sociedades, políticas, económica e cultura?

11. Naturalmente falando, porque é que é mais fácil fazer o que queremos fazer do que sermos guiados pelos bons propósitos de Deus para nós?

12. Qual é a cura para o pecado?

13. Como é que Cristo possibilitou que fossemos livres do poder e do domínio do pecado?

14. Como é que Cristo traz aos crentes libertação do pecado que é pessoal, social, político, económico e contextual?

15. Como é que a redenção de Cristo do pecado opera dentro da comunidade de fé e do corpo de crentes?

16. Explique em termos simples como é que os crentes morrem para o pecado e são ressuscitados para uma nova vida em Cristo.

17. Como é que o Espírito Santo transforma as vidas dos seguidores de Cristo?

18. Como é que o Espírito Santo assiste os seguidores de Cristo a resistirem à tentação?

19. Porque é que chamamos à nossa redenção "nova vida em Cristo"?

20. Qual é o seu testemunho relativamente à libertação de Cristo do pecado na sua vida?

SER EM UNIDADE

por Thomas A. Noble

Thomas A. Noble é professor de teologia no Nazarene Theological Seminary em Kansas City e professor convidado e supervisor de pesquisa de doutoramento no Nazarene Theological College em Manchester.

VI. Expiação

Cremos que Jesus Cristo, pelos Seus sofrimentos, pelo derramamento do Seu próprio sangue e pela Sua morte na Cruz, fez uma expiação completa para todo o pecado humano; e que esta Expiação é a única base de salvação; e que é suficiente para cada pessoa da raça de Adão. A Expiação é gratuitamente eficaz para a salvação daqueles que não são capazes de assumir responsabilidade moral e para as crianças na idade da inocência, mas somente é eficaz para a salvação daqueles que chegam à idade da responsabilidade, quando se arrependem e crêem.

(Isaías 53:5-6, 11; Marcos 10:45; Lucas 24:46-48; João 1:29; 3:14-17; Actos 4:10-12; Romanos 3:21-26; 4:17-25; 5:6-21; 1 Coríntios 6:20; 2 Coríntios 5:14-21; Gálatas 1:3-4; 3:13-14; Colossenses 1:19-23; 1 Timóteo 2:3-6; Tito 2:11-14; Hebreus 2:9; 9:11-14; 13:12; 1 Pedro 1:18-21; 2:19-25; 1 João 2:1-2)

Há muitos aspectos da nossa fé mas todos são centrados no Evangelho do "Cristo ressurrecto" (1 Coríntios 1:23; Gálatas 3:1). Precisamos abordar cinco importantes frases neste Artigo de Fé.

Jesus Cristo

Primeiro, tudo depende no nosso Senhor Jesus Cristo. No Artigo II já dissemos que cremos em Jesus Cristo. Isso é importante! Não é que acreditemos apenas em coisas *acerca* D'Ele. Cremos que Ele morreu pelos nossos pecados (1 Coríntios 15:3). Cremos Nele. Confiamos Nele. É um relacionamento pessoal. Temos essa confiança enorme Nele porque sabemos que Ele morreu para nos salvar. Ele amou-nos o suficiente para sofrer por nós. Mas a chave para isto é compreender *quem* morreu. O

Deus encarnado sofreu por nós. O Deus encarnado deu-Se numa morte agonizante na cruz - e essa é a medida do Seu amor.

Uma Expiação Completa

A palavra inglesa *expiação* foi primeiramente criada pelo tradutor bíblico William Tyndale como um "at-one-ment" [literalmente traduzido, a-uma-mente] - fazer com que dois opostos se tornem "um." Ou seja, expiação significa reconciliação. Portanto, de certa maneira a morte de Cristo na cruz reconcilia-nos com Deus.

Mas a palavra inglesa *expiação* tem um segundo significado. O verbo *expiar* foi usado na Bíblia inglesa para traduzir o verbo hebraico, *kpr* (transliterado de "kaphar" e pronunciado "kaw-far"), que era usado para os sacrifícios do Velho Testamento. Alguns dos sacrifícios expiavam o pecado de Israel, particularmente aqueles do *Yom Kippur* anual, o Dia da Expiação. Este contexto dá-nos uma pista de como a morte de Cristo nos reconciliou com Deus.

Atanásio, bispo de Alexandria no quarto século d.C. e um dos maiores teólogos da igreja primitiva, explicou no seu livro *On the Incarnation* que Deus enfrentou um dilema. (Obviamente, esta é uma forma muito humana de falar de Deus, mas ajuda-nos a compreender o mistério). O dilema era que Ele amava apaixonadamente as criaturas humanas que tinha criado, mas que elas tinham desobedecido e se rebelado contra Ele. Consequentemente elas estavam a destruir-se a si mesmas. Mas Deus não podia dizer, "Isto não interessa." De facto, interessava. Desprezar o amor santo de Deus seria destruir a boa criação de Deus. A lei que dava ordem ao universo precisava ser mantida. Por isso Deus tomou sobre Si as consequências ao tornar-Se o nosso representante em Jesus, a nova cabeça da raça humana. Ele ofereceu o Seu corpo, escreve Atanásio, "como um substituto para todos, pagando a dívida pela Sua morte".

Ou seja, Deus, o Filho, como ser humano, ofereceu-Se como o sacrifício final de forma a satisfazer não apenas a justiça e ira de Deus, mas também o Seu próprio amor. Jesus, a nova cabeça da raça, encarnando a humanidade, ofereceu a Deus o que só Ele podia oferecer - a derradeira oferta possível da obediência de amor, de obediência abnegada. O amor respondeu ao amor. Deus e a humanidade estão, então, unidos novamente através da cruz.

VI. EXPIAÇÃO

A Única Base da Salvação

De acordo com Paulo, precisamos ser salvos do pecado, da morte, dos principados, dos poderes e do mal. Mas a salvação também é uma questão de ser salvo do justo julgamento de Deus (Romanos 1:18-3:19). Muitos pensam que no último julgamento, Deus irá equilibrar as boas coisas que fazemos em relação às más, mas a fé cristã rejeita completamente esta ideia. Nada do que façamos é suficiente para nos reconciliar com Deus. Jesus Cristo é o único fundamento, ou base, para a salvação.

Mas também precisamos de uma visão mais ampla, profunda, verdadeira, do que a salvação significa. Demasiado frequentemente focamo-nos no *do que* é que fomos salvos - pecado, morte, ira e inferno. Também precisamos pensar *para quê* fomos salvos. Somos salvos para entrar numa nova família, a família de amor da igreja e do povo de Deus. E na essência disso, podemos chamar Deus "*Abba*, Pai" ao recebermos o Espírito (Romanos 8:15–16; Gálatas 4:5–7). Somos um com Deus.

Demasiado frequentemente pensamos na salvação em termos muito restritos de ir para o céu quando morrermos. Mas hoje é frequente as pessoas perguntarem, "Há vida antes da morte?" E a gloriosa resposta do Evangelho é, "Sim!" A salvação dá-nos uma segura esperança para a era que vem, mas também nos dá segura esperança para hoje. Hoje, as pessoas fazem confusões na sua vida. Hoje, as pessoas são viciadas em álcool, drogas, tabaco e pornografia. Hoje as famílias estão divididas. As boas novas do Evangelho é que as pessoas podem conhecer, hoje, a redenção e reconciliação. Hoje, a expiação de Cristo é a base para a salvação - liberdade, paz e uma vida nova.

Isto significa que a salvação inclui a santificação presente. A expiação não apenas nos traz a salvação como perdão e justificação; também nos traz salvação como pureza e limpeza. "O sangue de Jesus Cristo, seu Filho, nos purifica de todo o pecado" (1 João 1:7).

John Wesley disse algumas palavras severas para um mentor seu, William Law, que tinha enfatizado que devemos "imitar" Cristo, mas que não disse nada acerca da expiação como a única base para a salvação. Wesley escreveu: "Nem há outra forma mais segura para a imitação de Cristo do que a fé no Cristo crucificado, Nele que sofreu por nós... A origem e causa da nossa redenção é o amor inefável de Deus o Pai, que desejou redimir-nos pelo sangue do Seu filho; a graça do Filho, que de livre vontade tomou Nele a nossa maldição... e o Espírito Santo, que comunica o amor do Pai e a graça do Filho aos nossos corações. Quando falamos disto e da santificação de Cristo, falamos do mais íntimo mistério da fé cristã."

Suficiente para Cada Indivíduo na Raça de Adão

Esta frase enfatiza a doutrina da expiação universal. Esta é a doutrina que Cristo morreu por todos e é bastante explícita em várias passagens bíblicas. O nosso mediador, Cristo Jesus, "deu-Se em resgate por muitos" (1 Timóteo 2:5–6; ver também Hebreus 2:9; João 3:17; 12:47).

Esta doutrina não deve ser confundida com o universalismo, a noção de que todos serão salvos. Em vez disso, é a ênfase de que todos os que estão perdidos continuarão perdidos apesar do facto de Deus desejar que sejam salvos e que Cristo morreu por eles.

É necessário clarificar esta questão porque alguns bons irmãos, crentes na Bíblia, que honram a Deus e são cristãos, crêem na expiação limitada - que Cristo apenas morreu pelos eleitos, aqueles que Deus predestinou para a salvação desde o princípio. O grande reformador John Calvin frequentemente afirmou que Cristo morreu por todos. Mas, pelo desejo de glorificar a Deus e não tomar nenhum crédito pela sua salvação, ele desenvolveu a doutrina de que, antes da fundação do mundo, Deus elegeu parte da raça humana para a salvação e "reprovou" os restantes para a condenação. Os eleitos creriam no Evangelho e seriam salvos; aqueles que eram "reprovados" não creriam nem seriam salvos. Alguns dos seus seguidores (apesar de nem todos) deduziram que isso queria dizer que Cristo morreu apenas pelos eleitos. Então, eles encontraram formas para explicar os textos bíblicos que não se encaixavam no seu sistema.

John Wesley ficou horrorizado com o ensino da predestinação para a condenação e o ensino de que Cristo não tinha morrido por todos. Ele considerou isso como uma blasfémia contra o amor de Deus. Ele e o seu irmão, Charles, abordaram os seus amigos cristãos que ensinavam isso estando seriamente induzidos ao erro e enfatizavam vez após vez que Cristo morreu por todos.

Por todos os homens Ele provou a morte.
Sofreu de uma vez por todos.

Ele chama tantas almas quanto respiram,
E todas podem ouvir a chamada.
Não pode escarnecer os filhos dos homens,
Convide-nos a aproximar-nos,
Oferecer a Sua graça a todos, e então
A Sua graça à maioria negar!
Que horror pensar que Deus é ódio!
A fúria pode habitar em Deus!
Poderia Deus um mundo desamparado criar
Para empurrá-lo para o inferno!
—Charles Wesley

Crianças e Aqueles Incapazes de Responsabilidade Moral

Por último, o Artigo de Fé sobre a expiação fala daqueles milhões de seres humanos que são incapazes de compreender o Evangelho. A expiação é "graciosamente eficaz" para a nossa salvação (isto é, é eficaz). Produz a salvação deles. Resumindo, eles serão salvos.

Esta questão da doutrina é melhor vista da perspectiva da expiação corporativa. A nossa frase normal, "expiação universal," pode ainda deixar-nos a pensar na salvação de indivíduos. Em quase todos os debates da era moderna, podemos ter pensado nos seres humanos apenas como indivíduos. O individualismo está profundamente arraigado na cultura ocidental, então tendemos a pensar na salvação e expiação apenas em termos individuais. Mas os eruditos bíblicos levam a nossa atenção para o facto do pensamento bíblico começar por ser muito mais corporativo. A unidade básica da humanidade não é o indivíduo; é a família, a tribo, o corpo (*corpus*) da raça humana como um todo. Quando o Filho do Homem encarnou, Ele tornou-Se membro dessa unidade. Ele tomou "a carne" (João 1:14), a base física comum de toda a vida humana. Quando Ele crucificou a antiga humanidade (Romanos 6:6), a raça humana morreu corporativamente Nele. Quando Ele ressuscitou da morte, foi os primeiros frutos da nova humanidade. Desta forma, Ele tornou-se a nova cabeça do corpo (Colossenses 1:18), a nova humanidade. A cruz não apenas criou a possibilidade para a salvação; ela, de facto, alcançou a salvação da raça humana considerada corporativamente. Esta é a base para dizer que as crianças e aqueles que nunca chegaram à responsabilidade moral serão, de facto, salvos.

Significa isto que todos serão salvos? Infelizmente, não. Fomos reconciliados, mas aqueles que ouvem e compreendem devem pessoalmente prestar atenção à chamada, "Reconciliai-vos" (2 Coríntios 5:18–20). Como o Artigo VI finalmente diz, aqueles que chegam à ideia de responsabilidade devem arrepender-se e crer. Se eles se recusam a tal, "negarão o Senhor que os resgatou" (2 Pedro 2:1). A nossa reconciliação com Deus foi alcançada corporativamente; esta é a razão pela qual, cada um de nós deve dizer com certeza quando olhar para a cruz, "Os meus pecados foram cancelados no Calvário". O Cordeiro de Deus lançou fora os pecados do mundo (João 1:29). Mas apesar de Deus lidar corporativamente com o pecado, todos os que são capazes, são chamados a entrar pessoalmente. O Seu objectivo é uma comunhão mundial de pessoas que são um com Ele, amando-O livremente como Ele nos ama.

Questões para Reflexão ou Debate

Pense acerca do material que leu no capítulo 6 e considere as seguintes questões. Use, sempre que possível, referências bíblicas para fortalecer as suas respostas.

1. Qual é a diferença entre saber acerca de Jesus Cristo e crer Nele?
2. Porque é que um relacionamento pessoal com Jesus Cristo é um aspecto vital da fé cristã?
3. O que é que a *expiação* significa para si?
4. Como é que a morte de Jesus Cristo na cruz é uma demonstração do Seu amor por nós?
5. Como é que a morte de Jesus Cristo na cruz é tanto uma forma de explicar a nossa desobediência rebelde contra Deus como uma maneira de restaurar o relacionamento com a humanidade perdida?
6. Explique em termos simples como é que Jesus representou a humanidade perdida na cruz.

VI. EXPIAÇÃO

7. Como é que responde à popular noção cultural que, no fim da vida, Deus pesa todos os nossos bons actos contra os maus actos e vamos para o céu apenas se os nossos bons actos superarem os maus?

8. Que outras más compreensões da salvação é que ouviu?

9. *Do que* é que Jesus Cristo nos salva na Sua morte expiatória na cruz?

10. *Para que* é que Jesus Cristo nos salva na Sua morte expiatória na cruz?

11. Como é que a salvação cristã nos dá esperança para hoje?

12. O que queremos dizer quando dizemos que a expiação em Cristo não apenas nos perdoa dos pecados passados mas também inclui a santificação através da pureza e limpeza?

13. O que queremos dizer quando dizemos "Cristo morreu por todos" (ver João 3:17; 12:47; I Timóteo 2:5–6, Hebreus 2:9)?

14. Como é que a doutrina da expiação universal se diferencia do universalismo?

15. Porque é que o universalismo é tão popular hoje?

16. Como é que a doutrina da expiação universal difere da expiação limitada?

17. Porque é que a doutrina da expiação limitada é tão popular hoje?

18. Como é que explicamos a certeza da salvação para bebés, crianças e para aqueles que não têm responsabilidade moral?

19. Porque é que o nosso arrependimento e crença são partes importantes na compreensão da expiação de Cristo?

20. Como é que podemos melhorar a explicação da expiação de Cristo para o nosso mundo necessitado?

A GRAÇA QUE PRECEDE

por Hunter Dale Cummings

Hunter Dale Cummings tem um doutoramento do Nazarene Theological College em Manchester e serve como pastor principal na Georgia.

VII. Graça Preveniente

Cremos que a criação da raça humana à imagem de Deus inclui a capacidade de escolher entre o bem e o mal e que, assim, seres humanos foram feitos moralmente responsáveis; que pela queda de Adão se tornaram depravados, de maneira que agora não podem voltar-se nem reabilitar-se pelas suas próprias forças e obras à fé e à invocação de Deus. Mas também cremos que a graça de Deus mediante Jesus Cristo é dada gratuitamente a todos os seres humanos, capacitando todos os que queiram converter-se do pecado para a rectidão, a crer em Jesus Cristo para perdão e purificação do pecado, e a praticar boas obras agradáveis e aceitáveis à Sua vista.

Cremos que todas as pessoas, ainda que possuam a experiência de regeneração e inteira santificação, podem cair da graça, apostatar e ficar eternamente perdidas e sem esperança, a menos que se arrependam do seu pecado.

(Génesis 1:26–27; 2:16–17; Deuteronómio 28:1–2; 30:19; Josué 24:15; Job 14:4; 15:14; Salmos 8:3–5; 14:1–4; 51:5; Isaías 1:8–10; Jeremias 31:29–30; Ezequiel 18:1–4, 25–26; Miquéias 6:8; John 1:12–13; 3:6; Actos 5:31; Romanos 1:19–20; 2:1–16; 3:10–12; 5:6–8, 12–14, 18, 20; 6:15–16, 23; 7:14–25; 10:6–8; 11:22; 14:7–12; 1 Coríntios 2:9–14; 10:1–12; 2 Coríntios 5:18–19; Gálatas 5:6; 6:7–8; Efésios 2:8–10; Filipenses 2:12–13; Colossenses 1:21–23; 2 Timóteo 4:10; Tito 2:11–14; Hebreus 2:1–3; 3:12–15; 6:4–6; 10:26–31; Tiago 2:18–22; 2 Pedro 1:10–11; 2:20–22)

"Como é que ainda estou viva?" perguntou ela, ao abanar a cabeça e a sorrir; e, com os olhos brilhantes, começou a relembrar a jornada da sua vida. Brittany poderia estar morta. Steve, o pastor dela, sabia que ela quase tinha morrido mesmo antes de ir ao hospital, mas não tinha a mais pequena ideia que ela tinha quase morrido meia dúzia de vezes antes na sua vida.

O pastor Steve respondeu-lhe, "Pela graça preveniente de Deus."

"O que é a graça preveniente?" perguntou ela.

Graça que Precede

A graça preveniente, ou a graça que precede, é a graça de Deus que vai antes de nós. Biblicamente, o conceito é sugerido no prólogo de abertura do Evangelho de João: "Ali estava a luz verdadeira, que alumia a todo o homem que vem ao mundo." (João 1:9). Neste versículo estão implicados dois componentes básicos da graça preveniente.

Primeiro, a graça preveniente é dada a todos. Este dom está directamente ligado à nossa crença que Jesus Cristo "fez expiação completa por todo o pecado humano". Cristo morreu por todos e o dom de Deus da livre graça está disponível a todos os que a recebam. Segundo, a luz "estava a vir ao mundo." Deus tem dado graça ao mundo desde o princípio e continua a fazê-lo.

O nosso crescimento na graça é um processo e apesar dela ser dada com a mesma medida para todos, nem todos têm a mesma capacidade de compreender a totalidade de luz que lhes tem sido dada. Evidências da graça preveniente abundam nas Escrituras, mas também vem até nós através da tradição cristã. A graça preveniente como conceito aparece cedo na história da igreja no Segundo Sínodo de Orange no século sexto, quando foi decidido que a graça preveniente é necessária para o próprio início da fé. A ideia também aparece no século XVI no Concílio de Trento.

A graça preveniente também figura no cristianismo ortodoxo. A ortodoxia ensina o sinergismo (a interacção entre a liberdade humana e a graça divina na nossa salvação). Ainda assim, o catolicismo romano e a ortodoxia (cristianismo oriental e ocidental) não subscrevem a total depravação como o terceiro ramo do cristianismo, o protestantismo. Debates iniciais sobre a teologia de Agostinho sobre a liberdade humana deram lugar aos debates mais matizados dos séculos XVII e XVIII entre o Arminianismo e o Calvinismo. O Calvinismo escolhe enfatizar a soberana vontade e escolha de Deus como os meios para explicar como é que a depravação total é superada pelos seres humanos. Os arminianos vêm a graça preveniente como aquilo que nos capacita a superar os efeitos da nossa depravação total.

Graça que Trabalha nos Bastidores

O pastor Steve mostrou à Brittany como é que a graça de Deus poderá ter trabalhado de forma única na sua vida, desde que um casal na sua igreja se sentiu levado a dar-lhe um novo carro, com *airbags*, apenas uma semana antes do acidente. A graça preveniente significa que Deus por vezes age pelo nosso bem para nos manter longe do caminho do mal. O pastor Steve cria que o tipo de doação sacrificial dos seus leigos era uma expressão da graça de Deus nos seus corações, assim como da salvação de Brittany.

Ela começou a frequentar a igreja do pastor Steve apenas poucos meses depois de se terem conhecido no autocarro. A graça preveniente explica como é que Deus nos traz para relacionamentos uns com os outros assim como Ele nos leva à comunidade, especificamente como povo de Deus (a igreja). A graça de Deus, explicou o pastor Steve, tinha poupado a vida dela de forma que as primeiras pessoas exclamaram ter sido "verdadeiramente milagroso." Ele disse-lhe que Deus lhe estava a mostrar misericórdia através do vale da sombra da morte da sua vida, levando-a ao culto de adoração no qual ela ouviu Deus a chamá-la a arrepender-se e a crer em Jesus Cristo. A graça preveniente explica as acções graciosas de Deus, sim, mas também a chamada de Deus.

O erudito wesleyano Albert Outler explicou que a graça preveniente pode ser construída tanto num sentido mais estreito como num mais largo. Até agora, o milagre de Brittany só tinha ilustrado o sentido mais estreito da graça preveniente. Outler diz que o sentido estreito da graça preveniente é acerca da obra de Deus nas vidas dos pecadores antes de serem salvos (antes da graça justificadora e santificadora). O pastor Steve viu isto nos eventos milagrosos nos quais Deus salvou a vida biológica de Brittany. Mas quando estava deitada na sua maca no hospital e reflectia na sua vida difícil - e tinha sido difícil pois incluía vício de drogas, um relacionamento abusivo, um divórcio e repetidas más decisões - ela percebeu que, até antes de ter tomado a decisão de voltar para Cristo depois de uma das pregações do pastor Steve, Deus tinha estado a levá-la para casa, para o povo de Deus e para uma vida comprometida com os caminhos de Deus.

Graça que Capacita

Ainda assim, a graça preveniente pode também descrever amplamente toda a graça porque descreve a actividade prévia de Deus. A compreensão de John Wesley sobre a graça preveniente era mais ampla do que apenas conversas e decisões que levavam os pecadores para mais perto de Deus. Para ele, a graça preveniente desfaz os efeitos do pecado original e a depravação total na essência da teologia reformada protestante.

Kenneth Collins, no seu livro *The Theology of John Wesley*, sugere cinco efeitos que a graça preveniente poderá ter. A graça preveniente providencia o seguinte:

1. Conhecimento básico dos atributos de Deus.

2. Re-inscrição da lei moral.

3. Consciência formada por Deus, não apenas pela sociedade ou natureza.

4. A medida do livre arbítrio graciosamente restaurada.

5. Restrição da perversidade.

Todos os efeitos acima fazem verdadeira a declaração do Evangelho de João "Ali estava a luz verdadeira, que alumia a todo o homem que vem ao mundo" (1:9). A palavra "capacitar" resume todos esses efeitos. A graça preveniente, ou precedente, pode também ser descrita como graça capacitante, pois capacita-nos a fazer, em parte, o que a depravação total tornou impossível.

Então a enfermeira veio ao quarto, a sorrir muito.

"Quem é este?" perguntou a enfermeira.

Brittany disse com orgulho, "Este é o meu pastor."

A enfermeira parecia surpresa e perguntou, "Como é que tu te tornaste cristã?"

Brittany já tinha contado à enfermeira algumas das outras histórias sobre as suas experiências passadas. A sua experiência e a primeira parte da sua história não pareciam dar a impressão que o seu pastor viria visitá-la ou de que ela era cristã. Brittany riu. "É uma história longa. Estávamos a falar de como a graça explica as histórias de conversão mais estranhas assim como a jornada daqueles que foram criados na igreja."

Depois da enfermeira ter saído, Brittany explicou ao pastor Steve que estava a lutar em como poderia testemunhar à sua enfermeira sobre Cristo. Caroline era a pessoa mais parecida com Jesus que ela conhecia, mas não era cristã e não tinha interesse em ir à igreja - algo que Brittany descobriu depois de ter uma pequena conversa com ela e de a convidar à igreja. Brittany perguntou ao pastor Steve, "Como é que lida com o facto da Carolina se parecer mais com Cristo do que alguns cristãos?"

Depois de um momento, o pastor Steve disse, "A Carolina reflecte a misericórdia do seu Criador na forma como ela trabalha. Apesar de não ser cristã, ela pode ainda experimentar a graça preveniente de Deus ao escolher viver uma vida de bondade."

"Não compreendo," respondeu Brittany. "O pastor ensinou-me na semana passada que todos estamos mortos nos nossos pecados e que, antes de conhecermos Jesus, não podemos sequer escolher o bem que queremos escolher. Lembra-se daquele estudo bíblico de Romanos 7?"

O pastor Steve respondeu, "Bem, antes de decidir pedir a Jesus que me salvasse dos meus pecados, Deus deu-me graciosamente um desejo de Lhe obedecer. Mesmo quando as nossas vontades estão presas e não são livres para escolher o bem, Deus dá-nos o livre arbítrio para, de facto, podermos escolher. A enfermeira tem sido abençoada com a capacidade de fazer uma decisão consciente de ser boa para com os seus pacientes."

A graça capacitadora e preveniente não apenas explica a bondade da enfermeira de Brittany mas também explica porque é que aqueles que nunca ouviram sobre o nome de Jesus podem agir com consciência. A graça preveniente nas vidas humana é uma forma de Deus restringir o mal num mundo caído. Tal doutrina holística é essencial para uma visão cristã do mundo viável.

Graça sem Limites

Cada pessoa tem uma visão do mundo - uma forma na qual vê ou não vê Deus, a humanidade e a direcção na qual o mundo está a ir. Uma visão do mundo viável faz três coisas: descreve a realidade; é internamente coerente; e está aberta a questões. A graça preveniente vai de encontro a essas expectativas porque é ilimitada.

Primeiro, a graça preveniente ajuda-nos a descrever a realidade em toda a sua complexidade. Descreve como aqueles fora do corpo de Cristo podem realizar tanto bem. Descreve situações complicadas, milagrosas como a volta de Brittany para Cristo, bem como o dom livre e milagroso que lhe salvou a vida.

Segundo, a graça preveniente torna a nossa teologia internamente coerente. Permite que os wesleyanos mantenham em tensão as crenças sobre a depravação total, a salvação pela graça, a responsabilidade humana e a expiação ilimitada de Cristo.

Terceiro, as possibilidades ilimitadas da graça preveniente abrem-nos para fazer perguntas difíceis sobre a nossa visão cristã do mundo. Uma teologia robusta da graça preveniente deve possibilitar conversas com outras religiões, sistemas de crença e tradições de fé. Precisamos ter cuidado para nos lembrarmos que esta obra no mundo tem um propósito singular. Não se liga o sinal de "aberto" sem um propósito.

A graça preveniente não deve ser confundida com a graça que converte, justifica, salva e santifica. Alguém ter preparado a nossa bagagem para uma viagem não é o mesmo que começar, de facto, a viagem. Ainda assim, estando já na viagem, esta graça ilimitada de Deus dá aos pastores a humildade de se juntarem a antigos toxicodependentes em recuperação que perguntam, "Como é que ainda estou viva?"

A resposta, em todos os casos, é: a graça preveniente.

Questões para Reflexão ou Debate

Pense acerca do material que leu no capítulo 7 e considere as seguintes questões. Use, sempre que possível, referências bíblicas para fortalecer as suas respostas.

1. O que é que a noção de graça preveniente significa para si?
2. Consegue pensar em exemplos da graça preveniente de Deus na sua vida?

VII. GRAÇA PREVENIENTE

3. Como é que a graça preveniente é um componente necessário para a nossa chegada à fé em Cristo?

4. Como é que explica a relação entre a liberdade humana e a graça divina na nossa salvação?

5. Como é que a compreensão armínio-wesleyana da graça preveniente, como compreendida na Igreja do Nazareno, se diferencia da visão calvinista de uma vontade divina extremamente soberana?

6. Que exemplo há de como a graça preveniente nos mantém longe do caminho do mal?

7. Que exemplo há de como a graça preveniente nos traz a uma comunidade de fé?

8. Que exemplo há de como a graça preveniente nos chama a Deus?

9. Que exemplo há de como a graça preveniente vai antes de nós numa variedade de formas na vida diária?

10. O que podemos aprender acerca dos atributos de Deus através da graça preveniente?

11. O que é que a graça preveniente nos ensina sobre a lei moral de Deus?

12. Como é que a graça preveniente molda a nossa consciência?

13. Como é que a graça preveniente capacita o nosso livre arbítrio?

14. Que exemplo há de como a graça preveniente nos capacita a superar o mal da depravação do pecado?

15. Que exemplo há de como a graça preveniente coloca dentro de nós o desejo de querer obedecer a Deus?

16. Que exemplo há de como a graça preveniente de Deus restringe o mal no nosso mundo caído?

17. Como é que a graça preveniente nos ajuda a descrever a realidade em todas as suas complexidades?

18. Como é que a graça preveniente torna a nossa teologia internamente coerente?

19. Como é que a graça preveniente nos abre para fazer perguntas difíceis na nossa visão cristã do mundo?

20. Explique a diferença entre a graça preveniente e a graça divina que converte, justifica, salva e nos santifica.

A NECESSIDADE CONTÍNUA

por Rubén Fernández

Rubén Fernández é o reitor do Seminario Nazareno de las Américas e o coordenador de educação regional da região da Mesoamérica.

VIII. Arrependimento

Cremos que o arrependimento, que é uma sincera e completa mudança da mente no que diz respeito ao pecado, incluindo um sentimento de culpa pessoal e um afastamento voluntário do pecado, é exigido de todos aqueles que, por acto ou propósito, se fazem pecadores contra Deus. O Espírito de Deus dá a todos que quiserem arrepender-se a ajuda gratuita da penitência do coração e a esperança da misericórdia, a fim de que possam crer para o perdão e a vida espiritual.

(2 Crónicas 7:14; Salmos 32:5-6; 51:1-17; Isaías 55:6-7; Jeremias 3:12- 14; Ezequiel 18:30-32; 33:14-16; Marcos 1:14-15; Lucas 3:1-14; 13:1- 5; 18:9-14; Actos 2:38; 3:19; 5:31; 17:30-31; 26:16-18; Romanos 2:4; 2 Coríntios 7:8-11; 1 Tessalonicenses 1:9; 2 Pedro 3:9)

"Por favor faça inversão de marcha assim que seja permitido fazê-lo," insistiu o GPS. Mas não o quis ouvir. Queria seguir o meu próprio caminho. Escolhi desobedecer à sua orientação e isso trouxe-me consequências. Perdi-me!

O arrependimento é fazer inversão de marcha na vida. É uma mudança total de direcção. Uma volta de 180 graus. Mudança de rumo; mudança para um novo destino.

O *arrependimento* não é uma palavra atractiva na era pós-moderna. Provavelmente não irá ouvir muito acerca dela nos meios de comunicação, nem mesmo nos canais cristãos populares. Não ajuda a aumentar os *ratings*. Ninguém gosta que lhe diga que precisa arrepender-se. É assim mesmo nos cultos da igreja, onde métodos mais "amistosos" são procurados para abordar o tópico. Infelizmente, tais práticas não chegam ao profundo das vidas das pessoas. "Todo o conselho de Deus" não é proclamado (Actos 20:27).

Jesus Pregou o Arrependimento

Jesus foi um pregador do arrependimento. Marcos 1:15 diz-nos que a Sua mensagem tem três pontos simples: "O tempo está cumprido... o reino de Deus está próximo. Arrependei-vos e crede no Evangelho."

No Seu caminho para Jerusalém, Jesus usou dois eventos trágicos para chamar os Seus concidadãos ao arrependimento. As pessoas frequentemente interpretavam desastres ou acidentes como castigos por algum pecado que os "piores pecadores" tinham cometido no passado. Mas Jesus disse que não, que todos se deveriam arrepender ou perecer (Lucas 13:2-3).

No capítulo 15 do mesmo Evangelho, Jesus contou três lindas parábolas acerca do pastor que encontrou a sua ovelha perdida, a mulher que encontrou a sua moeda perdida e o pai que perdoou o seu filho. Nas primeiras duas parábolas, Jesus revelou a intimidade do céu a comemorar o arrependimento de um único ser humano (versículos 7, 10). A terceira parábola mostra-nos claramente os passos no arrependimento do Filho Pródigo: despertar para os factos, aperceber-se da situação (versículo 17), decidir mudar (versículo 18), mudar de rumo, ir na direcção correcta (versículo 20) e humildemente pedir por perdão (versículo 21).

Fruto do Arrependimento

A mensagem de arrependimento que Jesus pregou foi retomada pela igreja primitiva. Vemos isto com Pedro no Pentecostes (Actos 2) e com Filipe no seu encontro com o etíope (Actos 8). Em Atenas, Paulo transmitiu com inteligência a mensagem do Evangelho, dizendo claramente aos gregos que eles se deviam arrepender (Actos 17:30).

O arrependimento envolve a convicção de que ofendemos Deus. Além disso, para que haja arrependimento, deve haver um lamento profundo pelos nossos pecados e uma mudança de atitude. Deverá haver uma decisão clara de abandonar o pecado e demonstrar esta decisão através de frutos de arrependimento. Se este seguimento não acontecer, o arrependimento não é genuíno. Esta é a razão pela qual crentes não-arrependidos podem ser encontrados nas listas de membresia das igrejas cristãs.

Paulo disse que, para aqueles que estão em Cristo, "as coisas velhas já passaram" (2 Coríntios 5.17). A palavra grega para "passaram" também significa "deixou de ser" ou "desapareceram" e o verbo está na forma *aorista*, indicando que é um acto definitivo, feito de uma vez por todas. De forma interessante, é o mesmo termo usado para as mudanças trágicas na criação, no fim do tempo. Por exemplo, Lucas 21:33 diz, "Passará o céu e a terra, mas as minhas palavras não hão de passar". Em 2 Pedro 3, "o dia do Senhor" foi descrito desta forma: "os céus passarão com grande estrondo, e os elementos, ardendo, se desfarão, e a terra e as obras que nela há se queimarão" (versículo 10).

Para o arrependimento, precisamos ter um desejo interior que vem primeiro da graça de Deus (Romanos 2:4). Apesar de ser verdade que o Espírito nos dá o poder de fazer a mudança, a decisão final é inteiramente nossa.

Arrependimento e Renovação

Para crescer na vida cristã precisamos estar atentos à voz do Espírito Santo quando nos mostra que estamos errados no nosso pensamento ou em algo que dissemos ou fizemos. O arrependimento significa deixar as práticas pecaminosas da vida antiga, que nos prepara para uma renovação em todas as áreas das nossas vidas pelo Espírito. Até David - o rei segundo o coração de Deus - foi um governante que teve de se arrepender pelo seu pecado (Salmos 51). Pastores e igrejas por vezes precisam arrepender-se, como visto em igrejas como Éfeso, Pérgamo, Tiatira, Sárdis e Laodicéia (Apocalipse 2 e 3).

Por vezes, os cristãos precisam mudar a sua atitude como Pedro em Actos 10. Pedro, inicialmente, acreditava que apenas os judeus podiam ser salvos, mas pela mão de Deus, Pedro teve a oportunidade de mudar - e mudou. Ele começou o seu momento de "compreensão" na casa de Cornélio, o centurião romano, quando disse, "Reconheço, na verdade, que Deus não faz distinção de pessoas; Mas que lhe é agradável aquele que, em qualquer nação, o teme e obra o que é justo" (Actos 10:34-35).

Pedro foi transformado no seu pensamento. Vemo-lo no facto de que, quando o Espírito Santo veio sobre Cornélio e aqueles que estavam com ele, Pedro ordenou que fossem baptizados. Vemo-lo novamente no relatório que Pedro deu à igreja em Jerusalém, narrado em Actos 2.

Em Arrependimento

Todos precisamos daqueles momentos cruciais nas nossas vidas. Eles vêm como resultado da leitura da Palavra, oração, escutar pregações, estudar a Bíblia, escutar outras pessoas ou - como no caso de Pedro - de outras formas criativas que o Espírito Santo usa.

A necessidade de arrependimento é uma parte permanente na vida cristã até para os cristãos santificados. O Espírito Santo leva-nos à maturidade e mostra-nos as áreas nas nossas vidas que precisam ser mudadas. Para perseverar numa vida santa, precisamos da voz do Espírito e de corrigir o nosso rumo quando Ele nos diz que algo está errado.

O apóstolo João lembra-nos que, quando permanecemos em Cristo, o sangue de Jesus continua a purificar-nos de todo o pecado (1 João 1:7). Os cristãos não escapam à tentação, mas podem resistir-lhe pela graça de Deus a operar nas suas vidas. 1 Coríntios 10:12 lembra-nos de uma verdade importante: "Aquele, pois, que cuida estar em pé, olhe não caia."

Em Filipenses 1:6 Paulo diz, "Tendo por certo isto mesmo, que aquele que em vós começou a boa obra a aperfeiçoará até ao dia de Jesus Cristo." Na vida cristã, há sempre a necessidade de ser cuidadoso para não nos desviarmos, como expressado em Hebreus 2:1, " Portanto, convém-nos atentar com mais diligência para as coisas que já temos ouvido, para que em tempo algum nos desviemos delas."

O Espírito Santo é o nosso GPS na vida espiritual. Precisamos ouvir cuidadosamente a Sua voz e seguir as Suas instruções quando Ele diz, "Faça inversão de marcha!"

Questões para Reflexão ou Debate

Pense acerca do material que leu no capítulo 8 e considere a sua resposta às seguintes questões. Use referências bíblicas para fortalecer as suas respostas sempre que possível.

1. Como define o arrependimento?

VIII. ARREPENDIMENTO

2. Quais são alguns importantes princípios bíblicos usados para explicar o conceito de arrependimento?

3. Porque é que Jesus pregou uma mensagem não-popular sobre o arrependimento?

4. Porque nos devemos arrepender antes de crermos nas boas novas da mensagem de Jesus?

5. Porque é tão fácil hoje, como no tempo de Jesus, julgar as pessoas que são pecadores "piores" do que pensamos nós sermos e nos recusamos a ver a nossa própria necessidade do perdão de Deus?

6. Dê um exemplo da sua própria experiência ou da experiência de alguém que conheça, para cada um dos passos que Jesus apresentou para o arrependimento na parábola do Filho Pródigo (Lucas 15):

- Despertar para os factos
- Aperceber-se da situação
- Decidir mudar
- Mudar de rumo
- Ir na direcção correcta
- Humildemente pedir perdão

7. Como é que ofendemos Deus e ficamos em necessidade de arrependimento?

8. Porque é que devemos lamentar os nossos pecados e mudar de atitude para com eles?

9. Porque é que precisamos determinar abandonar os nossos pecados de forma a ter um arrependimento genuíno?

10. Uma vez arrependidos dos nossos pecados, porque é que não podemos simplesmente voltar a uma prática regular de pecado, livre de consciência, como alguns crêem?

11. Como é que o Espírito Santo nos capacita para o arrependimento?

12. Nomeie formas como o Espírito Santo nos chama ao arrependimento através de:

    - Leitura da Bíblia
    - Escutar pregações
    - Escutar o testemunho de outros cristãos
    - Orar pela orientação de Deus

13. Em que áreas da vida é que o Espírito Santo chama os crentes santificados ao arrependimento?

14. Porque é que os crentes devem permanecer abertos à voz do Espírito Santo ao chamá-los para o arrependimento?

15. Como é que a resistência à voz do Espírito leva um crente a cair em tentação?

16. Que perigos existem na vida cristã que levam ao desvio espiritual da vontade e direcção de Deus para as nossas vidas?

17. Como é que resistimos melhor à tentação de nos desviarmos da vontade e direcção de Deus para as nossas vidas?

18. Porque é que o Espírito Santo está tão ansioso em induzir os crentes a continuar na direcção certa?

19. Dê um exemplo da sua própria experiência ou da experiência de alguém que conheça, da voz orientadora do Espírito Santo para levar ao arrependimento de pecado ou para encarar nova luz?

20. De que forma podemos melhor nutrir a orientadora voz do Espírito Santo nas nossas vidas?

 UM NOVO COMEÇO GRACIOSO

por Samantha Chambo

Samantha Chambo é um presbítero na Igreja do Nazareno e coordenadora das Mulheres no Clero Nazareno de África.

IX. Justificação, Regeneração e Adopção

Cremos que a justificação é aquele acto gratuito e judicial de Deus, pelo qual Ele concede pleno perdão de toda a culpa, a libertação completa da pena pelos pecados cometidos e a aceitação como justo a todos aqueles que crêem em Jesus Cristo e O recebem como Senhor e Salvador.

Cremos que a regeneração, ou o novo nascimento, é aquela obra da graça de Deus pela qual a natureza moral do crente arrependido é despertada espiritualmente, recebendo uma vida distintamente espiritual, capaz de fé, amor e obediência.

Cremos que a adopção é aquele acto gratuito de Deus pelo qual o(a) crente justificado e regenerado se constitui um(a) filho(a) de Deus.

9.3. Cremos que a justificação, a regeneração e a adopção são simultâneas na experiência daqueles que buscam a Deus e são obtidas na condição de haver fé, precedida pelo arrependimento; e que o Espírito Santo testifica desta obra e estado de graça.

(Lucas 18:14; João 1:12-13; 3:3-8; 5:24; Actos 13:39; Romanos 1:17; 3:21-26, 28; 4:5-9, 17-25; 5:1, 16-19; 6:4; 7:6; 8:1, 15-17; 1 Coríntios 1:30; 6:11; 2 Coríntios 5:17-21; Gálatas 2:16-21; 3:1-14, 26; 4:4-7; Efésios 1:6-7; 2:1, 4-5; Filipenses 3:3-9; Colossenses 2:13; Tito 3:4-7; 1 Pedro 1:23; 1 João 1:9; 3:1-2, 9; 4:7; 5:1, 9-13, 18)

Como criança, frequentemente invejei os meus amigos que vinham de lares estáveis. Pelo facto da minha casa ser turbulenta, imaginei a boa vida que teria se tivesse nascido numa família diferente. Agora, adulta, sou grata pela família biológica em que nasci, mas sou eternamente grata por ter recebido uma nova família espiritual que me capacitou a ter uma vida nova boa. Este é o resultado da salvação. O Artigo IX da Igreja do Nazareno expressa a mudança maravilhosa que nos acontece quando entramos num relacionamento com Jesus Cristo. É o início de uma vida nova e liberada.

Justificação: Um Estado Limpo

Quando pensamos em justificação somos lembrados de um Deus de amor que usou grandes medidas para nos trazer a um relacionamento correcto com Ele. Ele fê-lo ao enviar o Seu filho para morrer na cruz por nós. Somos livres do castigo porque Jesus Cristo tomou o nosso lugar na cruz. Como resultado, podemos ser livres do medo do julgamento e condenação e podemos também ter liberdade dos sentimentos de culpa e vergonha que geralmente são a cola que nos mantém presos ao nosso velho estilo de vida. Podemos desfrutar do facto de Jesus Cristo, na Sua morte e ressurreição, ter ganho a vitória sobre o pecado por nós e podemos viver vidas vitoriosas pela graça de Deus. O pecado, medo e vergonha separam-nos de Deus e dos outros porque não nos sentimos dignos do amor deles. Mas o dom gracioso de Deus dá-nos um novo começo. A justificação significa que podemos ter um quadro limpo para começar de novo. Na justificação podemos ser declarados inocentes, o que significa que podemos viver na presença de Deus com uma consciência limpa. Recebemos esta justificação como um dom gratuito de Deus quando escolhemos responder ao amor fiel de Deus por nós ao crer no Seu Filho. J. A. Motyer disse, "Assim como no princípio Deus disse 'Haja luz', e houve luz, da mesma forma, no momento em que Ele apontou para o nosso novo nascimento, Ele disse 'Haja vida', e houve vida."

Regeneração: Nova Vida Espiritual

A regeneração dá-nos uma nova vida espiritual, que significa que agora temos uma nova sensibilidade ao Espírito Santo e que temos um melhor discernimento moral. Não precisamos viver no curso do pecado, no egocentrismo ou debaixo do controlo das coisas negativas que nos acontecem. Podemos escolher ser livres das respostas predeterminadas e viver de acordo com a direcção do Espírito Santo nas nossas vidas. A regeneração também significa a limpeza das antigas coisas negativas das nossas vidas e ganhar uma crescente capacidade para amar a Deus e os outros.

Apesar da justificação e da regeneração acontecerem simultaneamente, são dons distintos. Na justificação sou trazida a um novo relacionamento com Deus e é-me dada chance de uma vida nova, maravilhosa, mas na regeneração sou preparada, equipada e renovada para ser capaz de viver essa nova vida. Isto é o que 2 Coríntios 5:17 diz acerca da justificação: "Assim que, se alguém está em Cristo, nova criatura é: as coisas velhas já passaram; eis que tudo se fez novo!"

H. O. Wiley disse, "Pela justificação, Deus toma-nos no Seu favor; pela adopção Ele toma-nos no Seu coração."

Adopção: Pertencer e Apoiar

A adopção providencia o sentido de pertença e o sistema de apoio para viver esta nova vida. Sou uma nova pessoa, numa nova família. Sou aceite como um dos filhos de Deus com todos os privilégios, benefícios e responsabilidades. Em Romanos 8:1-17, Paulo diz-nos que somos adoptados na família de Deus e que agora temos o direito de chamar Deus de "*Abba*, Pai" - uma forma bastante íntima de se referir a Deus. Paulo ensina em Romanos 8 que agora somos co-herdeiros com Jesus Cristo. Mas ele também fala da responsabilidade que temos como membros da família de Deus. Devemos viver em obediência ao Espírito de Deus. Esta obediência é tornada possível pela obra de regeneração do próprio Espírito nas nossas vidas.

Estar com as antigas pessoas é difícil porque elas esperam que ajas de acordo com os seus antigos costumes. Ser parte da família de Deus providencia-me um novo ambiente onde posso prosperar como filha de Deus. Isto não significa que terei de cortar laços com os meus parentes. Significa que Deus providenciou uma nova família para mim, que partilha das mesmas crenças que eu, que me compreende e ama, me aceita e encoraja o novo eu a viver completamente para Deus. Os novos rituais da nova família partilhada, tal como o baptismo, a Santa Ceia e a adoração comunitária são sinais do meu novo lugar na família santa de Deus.

Só o Começo

Então na justificação, regeneração e adopção somos: trazidos a um relacionamento correcto com Deus; somos amados, aceites e perdoados; é-nos dada nova vida, que é o começo da contínua transformação nas nossas vidas; e somos recebidos numa nova família onde a transformação é nutrida. Todas essas coisas acontecem simultaneamente e são parte de uma benção maravilhosa.

A melhor parte de tudo isto é que esta nova vida é apenas o início de um relacionamento ainda mais profundo com Cristo à medida que sou transformada para ser mais como Ele. Apesar desta ser uma obra que Deus faz, de uma vez por todas, em e por mim na minha conversão, é uma bênção contínua. Isto significa que o meu relacionamento com Deus e com outros são continuamente ajustados. Enquanto cresço, ou quando cometo erros por causa da minha fraqueza humana, torno-me viva em cada dia. Cresço no meu conhecimento de Cristo e sou estabelecida como parte da família de Deus à medida que aprendo a confiar mais em Cristo.

O resultado prático desta mudança afecta também os meus relacionamentos com aqueles fora da igreja. É impossível para alguém que recebeu tal amor generoso e graça, que o acumule de forma egoísta. Então a minha maior alegria é convidar outras pessoas para esta família maravilhosa de Deus. Ser aceite na família de Deus tem salvo a minha vida em mais do que uma forma e sou eternamente grata por isso.

Questões para Reflexão ou Debate

Pense acerca do material que leu no capítulo 9 e considere a sua resposta às seguintes questões. Use referências bíblicas para fortalecer as suas respostas sempre que possível.

1. A palavra *justificação* começa no tribunal, quando um juiz declara alguém inocente num julgamento. Como é que esta palavra se aplica à nossa justificação espiritual através da declaração de Deus?
2. Como explicaria a justificação, em termos simples, a um amigo?
3. Como é que Deus declara inocentes os pecadores e permanece fiel à Sua própria natureza que é santa e justa?

4. A palavra *regeneração* significa algo que é feito novo novamente ou novo nascimento. Como é que esta palavra se aplica às nossas vidas, que foram tocadas por Deus?

5. Como explicaria a regeneração, em termos simples, a um amigo?

6. Como é que a justificação e a regeneração diferem?

7. A palavra *adopção* relaciona-se a relacionamentos familiares. Como é que esta palavra se aplica à nossa mudança no nosso relacionamento com Deus?

8. Como é que o conceito cristão de filhos adoptados, que são trazidos para um relacionamento íntimo com o Pai celestial, difere das religiões do mundo que não têm um conceito de relacionamento familiar com o(s) seu(s) deus(es)?

9. De que formas é que a comunidade de fé se torna a nova família do crente?

10. Como é que a nossa família de fé se parece com a nossa família biológica?

11. Como é que a nossa família de fé se diferencia da nossa família biológica?

12. De que formas é que Deus muda os crentes ao longo do tempo para serem mais como Cristo?

13. Que práticas cristãs nos ajudam a permanecer abertos à mudança de Deus ao longo do tempo para nos tornarmos mais como Deus?

14. Qual é a diferença entre a pecaminosidade e a fraqueza humana?

15. Será que os crentes serão libertos de todas as fraquezas humanas nesta vida?

16. Descreva nas suas próprias palavras o que é que se sente ao ouvir Deus declarar-nos "inocentes!"

17. Descreva nas suas próprias palavras como a regeneração tem mudado a sua vida através do poder regenerador de Deus.

18. Descreva nas suas próprias palavras o que é que se sente ao ser adoptado na família de Deus.

19. O que motiva os cristãos a convidar outros à experiência de Deus através da justificação, regeneração e adopção?

20. Como é que Deus nos capacita a viver vidas que testificam da obra justificadora, regeneradora e de adopção de Deus?

PARA CIMA, PARA DENTRO, PARA FORA

por Deirdre Brower Latz

Deirdre Brower Latz é reitora e professora sénior de teologia pastoral e social no Nazarene Theological College em Manchester, Inglaterra.

X. Santidade Cristã e Inteira Santificação

Cremos que a santificação é a obra de Deus, que transforma os crentes na semelhança de Cristo. Ela é efectuada pela graça de Deus através do Espírito Santo na santificação inicial, ou regeneração (simultânea com a justificação), inteira santificação, na obra contínua de aperfeiçoamento feita pelo Espírito Santo e culminando na glorificação. Na glorificação somos plenamente conformados à imagem do Filho.

Cremos que a inteira santificação é aquele acto de Deus, subsequente à regeneração, pelo qual os crentes são libertados do pecado original, ou depravação, e levados a um estado de inteira devoção a Deus e à santa obediência do amor tornado perfeito.

É operada pelo baptismo com, ou enchimento do, Espírito Santo e envolve, numa só experiência, a purificação do coração de pecado e a presença íntima e permanente do Espírito Santo, capacitando o(a) crente para a vida e o serviço.

A inteira santificação é provida pelo sangue de Jesus, realizada instantaneamente pela graça mediante a fé, precedida pela inteira consagração; e desta obra e estado de graça o Espírito Santo testifica.

Esta experiência é também conhecida por vários termos que representam diferentes aspectos dela, tais como: "perfeição cristã," "perfeito amor," "pureza de coração," "baptismo com, ou enchimento do Espírito Santo," "plenitude da bênção," e "santidade cristã."

Cremos que há uma distinção bem definida entre um coração puro e um carácter maduro. O primeiro é obtido instantaneamente, como resultado da inteira santificação; o último resulta de crescimento na graça.

Cremos que a graça da inteira santificação inclui o impulso divino para crescer na graça como um discípulo à semelhança de Cristo. Contudo, este impulso deve ser conscientemente cultivado; e deve ser dada cuidadosa atenção aos requisitos e processos de desenvolvimento espiritual e avanço no carácter e personalidade semelhantes a Cristo. Sem tal esforço intencional, o testemunho da pessoa crente pode ser enfraquecido e a própria graça comprometida e mesmo perdida.

Participando nos meios da graça, nomeadamente a comunhão, as disciplinas e os sacramentos da Igreja, os crentes crescem na graça e no pleno amor a Deus e ao próximo.

(Deuteronómio 30:6; Jeremias 31:31–34; Ezequiel 36:25–27; Malaquias 3:2–3; Mateus 3:11–12; 5:1–7:29; 22:37–40; Lucas 3:16–17; João 7:37–39; 14:15–23; 15:1–11; 17:6–20; Actos 1:5; 2:1–4; 15:8–9; Romanos 6:11–13, 19; 8:1–4, 8–14; 12:1–15:3; 15:29; 1 Coríntios 13; 2 Coríntios 6:14–7:1; Gálatas 2:20; 5:16–25; Efésios 3:14–21; 4:17–5:20; 5:25–27; Filipenses 1:9–11; 3:10–15; Colossenses 2:20–3:17; 1 Tessalonicenses 3:13; 4:7–8; 5:23–24; 2 Timóteo 2:19–22; Hebreus 4:9–11; 6:1; 10:10–17, 19–25; 12:1–2, 14; 13:12, 20–21; 1 Pedro 1:15–16, 22; 2 Pedro 1:1–11; 3:18; 1 João 1:7, 9; 3:3; 4:17–18; Judas 20–21)

O que significa ser alguém que afirma e incorpora a obra de santificação de Deus? O povo santo de Deus, feito santo pelo Espírito Santo de Deus, representa alguém mais do que o próprio Deus santo? Porque é que isto importa para as nossas vidas diárias? Sempre que dou por mim a considerar o que significa ser totalmente santo, ou totalmente filho/a de Deus, sou levada a três realidades diferentes, complexas e entrelaçadas.

Para Cima

A única forma imaginável para que a santidade consuma toda a nossa vida é que elas sejam totalmente entregues a Deus. A iniciativa generosa e abundante de Deus em amar-nos derrama amor sobre nós, e esse amor convida-nos a responder. O amor de Deus é atractivo e quando os crentes respondem - num momento e ao longo da vida - eles vêm a conhecer mais do que significa estar vivo; totalmente consumidos pela graça de Deus por eles. Eles conhecem-se a si mesmos como livres, amados e completos. O amor de Deus começa a saturar as suas vidas.

Quanto mais participamos em tal vida de amor, mais descobrimos que precisamos aprofundar-nos no amor de Deus, de coração completo e saturado de vida à medida que Ele nos enche e purifica, testemunhando do poder de Deus a trabalhar em nós pelo Espírito do Senhor Jesus vivo.

Esta participação tem início mas não tem fim. O testemunho da habitação de Deus na minha vida (e na sua), então, deve infundir luz e dar vida. Qualquer fedor de doença que traz morte, odiosa e violenta, desaparecerá. Em vez disso, encontramos vida, criada de novo por Deus, que tem bom aroma, é cheia de graça e generosa, profundamente amorosa e saturada de amor, comprometida e piedosa em sabedoria e conselho. A pessoa que é levada pelo Espírito e responde à vida da mesma forma como Jesus, dá a Deus um "sim" para que a sua vida seja refeita, de dentro para fora. Tem sido dito não apenas que o que pensamos leva às nossas acções, mas também que as nossas acções dirigem o nosso pensamento.

As nossas vidas, na sua semelhança a Deus, demonstram repetidamente que os caminhos de Deus são de amor, misericórdia, perdão, justiça, generosidade, sacrifício, humildade e força com um coração de servo. As nossas vidas devem ser vividas em resposta a tudo o que Deus tem feito - realizado em compromisso fiel aos mandamentos de amar a Deus, aos outros e a si mesmo no poder do Espírito. O que Deus tem feito por nós em Cristo através do Espírito é realizado em nós. Claro que, quanto mais perto estivermos de Deus, mais conscientes somos da nossa imensa confiança no Espírito de Deus em moldar e renovar-nos, formar-nos e infundir-nos para que sejamos inteiramente D'Ele. Capacitados pelo Espírito de Deus, confiamos na presença de Deus para formar em nós carácteres maduros e santos como uma família distinta, semelhante a Jesus.

Para Dentro

A verdade será realizada pessoal e corporativamente. A melhor evidência de uma vida de santidade será reunida em múltiplas dimensões à medida que amamos Deus em louvor e celebração, e participamos pessoalmente em disciplinas e sacramentos da igreja, e à medida que conduzimos vidas moldadas pela cruz. A nossa renovação interior é expressa no nosso amor para com os outros - aquelas pessoas preciosas e valiosas que Deus ama e deseja levar para a família de Deus, incluindo as pessoas de dentro e de fora da comunidade de fé; os pobres, os oprimidos e outras pessoas.

Ao encontrar outras pessoas que ainda não são da comunidade, assim como aqueles que já são, rapidamente descobrimos como temos de nos alinhar com a graça. Nada desafia mais a santidade do que as outras pessoas e as suas formas de ser. Claro que na igreja devemos ser participantes num tipo de comunidade que nos desafia, que nos diz a verdade - o tipo de comunidade que conhece tanto da graça que transborda dela nas ruas e regiões à sua volta. Ainda assim, esses lugares são lugares difíceis para aprimorar a santidade. Mas onde há uma comunidade de santidade, as vidas são (deveriam ser) alegremente transformadas, as comunidades (deveriam começar) começam a ser diferentes, o mundo vê (deveria ver) que o amor de Deus, criativo, que dá vida, está sempre a espalhar-se pelas estradas e caminhos, convidando outros para um banquete.

No viver quotidiano da santidade, a vida de Deus em nós é respirada dentro e fora de nós no ritmo da oração, nas disciplinas de tempo, em descansar, em actos repetidos de obediência, em dominar as nossas línguas quando falamos, em testemunhar dentro de nós que a presença de Deus está a trabalhar. Isto significa que o nosso ser interior é renovado - nós, povo de Deus, por um sacrifício, estamos a ser recriados à imagem de Cristo, o único filho de Deus.

Nos nossos ritmos e práticas de vida, juntamo-nos como povo de Deus, separando tempo para ouvir em comunidade como povo de Deus. Lembramos o nosso baptismo, partilhamos a Santa Ceia e somos renovados no nosso espírito como povo e indivíduos pela presença do Cristo ressurrecto através do Seu Espírito no nosso meio. Celebramos juntos. Damos do nosso tempo, dinheiro, energia; oferecemos os nossos filhos a esta comunidade de amor e fazêmo-lo com corações abertos, sabendo que de alguma maneira nos tornamos mais quando nos juntamos do que quando estamos sozinhos. Nas nossas práticas corporativas, pensamos sobre nós como devemos - nem melhor que os outros, nem imperdoáveis ou esquecidos. Relembrando o nosso perdão, proclamamos a alegre esperança àqueles que encontramos em amizade e nos lugares normais onde a vida nos leva. De forma hospitaleira, damo-nos com pessoas que ainda não conhecem Jesus e confiamos que a presença de Deus a trabalhar, nos irá ajudar a encontrar formas para ter conversas que falem de Jesus.

Quando chegamos a reconhecer e a celebrar o dom da graça para connosco, somos discipulados por outras pessoas mais sábias e maduras que estão connosco na jornada, não impecáveis nem totalmente perfeitas, mas pessoas completamente humanas que lutam com a chamada de Deus e que são chamadas de filhos de Deus, herdeiros: os de Deus.

Nas nossas vidas diárias, desde que acordamos até irmos dormir, buscamos a face de Deus. Dos lugares privados, onde ninguém nos vê, até aos lugares públicos, onde falamos sobre a vida e a bênção com outros, crescemos em amor. Os nossos corações sofrem pelo que está quebrado, pois é manifesto à nossa volta (e afecta-nos). Mas, como Jesus, conhecemos e amamos, sofremos pelas vidas quebradas e cheias de sofrimento - e desejamos chorar e curar, e dar as nossas vidas pelos outros. Reconhecemos que falhamos e confessamos, conscientes dos nossos erros e das nossas falhas, os quais estamos dispostos a reconhecer. Resistimos ao ódio de todas as suas formas, do racial ao sexual, da intolerância que faz inimigos, até ao ódio a nós mesmos. Resistimos ao ódio, ao desprezo ou ao descartar aqueles que não são como nós e buscamos a visão de Deus para que ela se torne nossa: como é que o amor de Deus dá cor à comunidade que nos rodeia? Como é que as nossas vidas se tornam mais e mais semelhantes a Cristo?

Para Fora

Compelidos pelo testemunho de uma vida vivida completamente para o serviço a Deus, este tipo de vida de consagração total é bonito de se ver. As pessoas tocadas por esta santidade descobrem que ela é contagiante. Ela chama-as. Eles querem estar com esse tipo de pessoas porque o seu amor pela vida é evidente, o seu amor pelas pessoas é aconchegante, a sua esperança para com os outros é inspiradora e a sua crença apaixonada de que Deus é pelos outros é uma medida da sua compreensão da santidade.

Como Jesus, as pessoas em toda a sua fragilidade descobrem que o amor de Deus é pelo doente e pelo pecador - e que, quando Deus, em Cristo, requer acção (para não pecar mais), esse mesmo Deus dá forças para essa obediência e renovação. Os novos irmãos que chegam à fé são adoptados na família de Deus assim como estão e a chamada de Deus para o viver santo é celebrado e abraçado por causa do grande dom de amor e de graça capacitadora que, vividos através desse abraço carinhoso, seguros nas promessas de que Deus é capaz. Claro que tenho consciência de que tal santidade é desafiante e tem a cooperação total com o Espírito Santo de Deus. E por isso, entrelaçado nas nossas vidas de santidade está uma consagração, dizendo vez após vez "sim" à direcção de Deus nas nossas vidas. Coração aberto para repreensão, ouvidos abertos para exortação, mente aberta para aprendizagem, olhos abertos para as obras de graça.

Não temos medo de nomear pecados e erros, pois somente ao fazê-lo podemos ver que as nossas negações de Cristo (como as de Pedro) são ultrapassadas pelo desejo de Deus de perdoar e oferecer renovação, mentes transformadas, sacrifícios vivos. Como Marva Dawn diz, apercebemo-nos que o problema com os sacrifícios vivos é que rastejam para fora do altar, e determinamos que, pela graça, renovaremos, diariamente, a nossa oração pelo pão da vida.

Apesar disso, celebramos! Pois há optimismo na graça. O Espírito Santo, o respirar da vida dentro de nós, capacita-nos a estar alinhados com a graça de Deus pela humanidade vez após vez. Apercebemo-nos que não temos de sucumbir à tentação do pecado e somos suficientemente sábios para perceber que a tentação em si não é pecado. Em vez disso, quando as nossas vidas são saturadas pelo amor, não deixamos espaço para os pecados de orgulho, ódio, amargura e crueldade. Ainda assim, somos humanos dinâmicos, frágeis, a crescer e a amadurecer - verdadeiros humanos - e por isso o nosso amor precisa ser praticado dia a dia.

As nossas vidas para com Deus significam muito mais do que uma resposta estática, de uma vez por todas. Graças a Deus que nos tornamos mais e mais semelhantes a Cristo à medida que imitamos aqueles que vieram antes de nós. Nesta compreensão das pessoas totalmente dadas a Deus, de vidas repletas de luz, moldadas pessoal e corporativamente à semelhança de Cristo, descobrimos a profunda esperança que a nossa fé nos oferece: Jesus é o Senhor e, como Senhor, faz mais do que podemos imaginar. Então, a nossa santidade é dinâmica, não tem pressa e é fluída. É uma forma de vida e a direcção da nossa viagem é para a sua final culminação na festa do Rei, que Se senta e partilha da refeição de amor com os Seus bons e fiéis servos.

X. SANTIDADE CRISTÃ E INTEIRA SANTIFICAÇÃO

Questões para Reflexão ou Debate

Pense acerca do material que leu no capítulo 10 e considere a sua resposta às seguintes questões. Use referências bíblicas para fortalecer as suas respostas sempre que possível.

1. O que é que as palavras *santidade* e *santificação* significam para si?
2. Na sua opinião, o que significa ser totalmente dedicado a Deus?
3. De que forma é que a nossa completa entrega se compara ao dom de Deus do Seu Filho para a nossa salvação?
4. Porque é que a nossa participação no amor de Deus não tem fim?
5. Que aplicação prática pode fazer para ilustrar o amor de Deus como infundindo luz e dando vida?
6. Porque é que a consagração de todo o coração a Deus é essencial para o dom de Deus da inteira santificação?
7. Como é que o amor de Deus nos torna mais como Cristo no nosso amor, misericórdia, perdão, justiça, generosidade, humildade e força de um coração de servo?
8. Como é que nos deixamos na presença de Deus de forma a capacitá-Lo a formar em nós carácteres maduros e santos como uma família distinta, semelhante a Jesus?
9. Porque é que chamamos à inteira santificação um dom de Deus?
10. Que disciplinas espirituais e sacramentos da igreja é que Deus usa para nos tornar mais como Cristo?
11. Porque é que amar as pessoas, tanto de dentro da comunidade como de fora, é importante para a obra santificadora nos nossos corações?
12. Porque é que este tipo de amor é por vezes difícil de mostrar?
13. De que forma é que celebramos os dons de graça de Deus dentro da comunidade da fé?

14. Porque é importante para o povo de santidade reconhecer quando falha, confessar a falha e permanecer consciente dos seus erros e falhas?
15. De que forma é que a completa consagração do coração a Deus é contagiante?
16. Porque é que Deus chama o Seu povo santo à acção ao alcançar os perdidos e as pessoas em necessidade?
17. Porque é que a renovação diária do nosso compromisso total a Deus é uma parte necessária para o crescimento na graça?
18. Como é que uma vida de santificação nos capacita a resistir à tentação de pecar?
19. Como é que o amor de Deus a trabalhar em nós expulsa o pecado dos nossos corações e vidas?
20. De que formas é que a obra santificadora de Deus nos torna mais como Cristo?

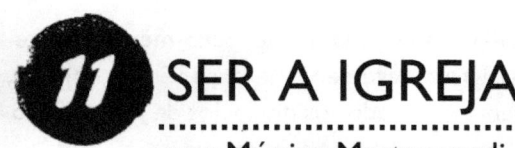

SER A IGREJA

por Mónica Mastronardi de Fernández

Mónica Mastronardi de Fernández é a vice-reitora do desenvolvimento institucional no Seminario Nazareno de las Américas na Costa Rica.

XI. A Igreja

Cremos na Igreja, a comunidade que confessa a Jesus Cristo como Senhor, o povo da aliança de Deus feito novo em Cristo, o Corpo de Cristo congregado pelo Espírito Santo através da Palavra.

Deus chama a Igreja a expressar a sua vida na unidade e comunhão do Espírito; na adoração através da pregação da Palavra, na observação dos sacramentos e no ministério em Seu nome; pela obediência a Cristo, viver santo e responsabilização mútua.

A missão da Igreja no mundo é a de participar no ministério de redenção e reconciliação de Cristo no poder do Espírito. A igreja cumpre a sua missão fazendo discípulos através do evangelismo, ensino, compaixão, promoção da justiça, e testemunho do reino de Deus.

A Igreja é uma realidade histórica que se organiza em moldes culturalmente condicionados; existe tanto como um corpo universal quanto congregação local; separa pessoas chamadas por Deus para ministérios específicos. Deus chama a Igreja a viver sob o Seu governo, em antecipação da consumação na vinda do nosso Senhor Jesus Cristo.

(Êxodo 19:3; Jeremias 31:33; Mateus 8:11; 10:7; 16:13-19, 24; 18:15- 20; 28:19-20; João 17:14-26; 20:21-23; Actos 1:7-8; 2:32-47; 6:1-2; 13:1; 14:23; Romanos 2:28-29; 4:16; 10:9-15; 11:13-32; 12:1-8; 15:1- 3; I Coríntios 3:5-9; 7:17; 11:1, 17-33; 12:3, 12-31; 14:26-40; 2 I Coríntios 5:11-6:1; Gálatas 5:6, 13-14; 6:1-5, 15; Efésios 4:1-17; 5:25-27; Filipenses 2:1-16; I Tessalonicenses 4:1-12; I Timóteo 4:13; Hebreus 10:19-25; I Pedro 1:1-2, 13; 2:4-12, 21; 4:1-2, 10-11; I João 4:17; Judas 24; Apocalipse 5:9-10)

Os desportos radicais são muito populares. Buscamos escapar à rotina experimentando algo desafiante como nadar com tubarões ou co-pilotar um jato de combate. As pessoas odeiam sentir-se aborrecidas.

Apesar da igreja não ser chamada a fazer saltos de *bungee* ou a sobreviver a desafios na selva, ser parte de uma "comunidade que confessa

Jesus Cristo como Senhor", deveria no entanto, ser tudo menos aborrecido. De facto, participar na igreja deve ser uma experiência vibrante, cheia de entusiasmo e desafiante para todos os discípulos de Jesus Cristo.

A Igreja só tem um Senhor

Apesar das pessoas poderem ser cautelosas sobre a instituição humana que chamamos de igreja, precisamos reconhecer que a igreja não tem origem, natureza ou propósito humanos. A Bíblia providencia-nos um exemplo de uma igreja viva, encarnada na história, seguindo fielmente o exemplo do Senhor e agindo para transformar o mundo. A igreja é projectada por Deus; Deus é o Seu criador. Como Paulo ensina em Efésios 5:25, Jesus Cristo pagou o preço para que a igreja possa ser estabelecida e desenvolvida neste mundo. O Espírito Santo é o edificador da igreja, providenciando materiais (novos crentes, liderança, dons) para ajudar esta construção a crescer e a desenvolver todo o potencial das suas capacidades, cumprindo o propósito para o qual ela é designada (Actos 1:8).

Cremos numa igreja que, como o seu Senhor, usa as armas da fé, paz, verdade, justiça e a proclamação da mensagem de esperança para destruir os poderes do mal (Efésios 6:14–17). No entanto, a igreja paga um alto preço para desenvolver o Evangelho. Em todo o mundo, pessoas são mortas todos os dias somente por serem cristãs. Actualmente, os cristãos em mais de sessenta países são perseguidos, aprisionados, torturados ou mortos por seguirem fielmente Jesus Cristo. O mundo rejeita a igreja porque a igreja, colocando a armadura de Deus (Efésios 6:10–13), não se dobra aos poderes deste mundo nem se cinge perante as forças espirituais do mal. A igreja é feita de pessoas de Deus que são nascidas do Espírito (João 3:6) e que vivem sob as leis e os valores do reino de Deus, não negociando ou assimilando os costumes pecaminosos da sociedade e, em vez disso, vivem em santidade (Efésios 5:27) e em obediência a Cristo. Como Cristo ensina em Mateus 5:13-16, a igreja é luz e sal.

A Igreja Ama

Os cristãos devem primeiramente amar o Senhor e, em segundo lugar, amar a família de Deus porque amar a Deus com todo o nosso coração significa abraçar a missão e a família de Deus, e fazer dela nossa. Amar a igreja significa juntar-se a ela.

XI. A IGREJA

A igreja "expressa a sua vida em unidade" e a sua comunhão, forjada pelo Espírito Santo, pode ser facilmente quebrada se não for cuidada e nutrida. Para a igreja viver em unidade, precisamos eliminar todas as atitudes, palavras ou condutas que magoam os outros e, em vez disso, precisamos ser pró-activos em mostrar amor através de relacionamentos e encorajar através de conversas positivas. Nada é mais prejudicial para a igreja do que cristãos que reclamam e falam mal dos seus irmãos, irmãs e líderes. Apesar de nas igrejas locais, assim como em outros níveis da denominação, existir sempre lugar para melhorar relacionamentos e assuntos, o queixume não resolverá nada. As mudanças só vão ocorrer quando orarmos e colocarmos essas situações nas mãos do Senhor e, à medida que Ele nos lidera, tornamo-nos positiva e activamente envolvidos como parte da solução.

Deus fez a igreja como lugar de comunhão, onde há cura de feridas e crescimento contínuo no conhecimento e amor por Deus e pelos outros. As expressões desta unidade são diversas, como partilhado em Hebreus 10:24-25: precisamos orar juntos, interceder uns pelos outros, comer juntos, desfrutar da companhia uns dos outros, partilhar os sacramentos, partilhar experiências e lutas, encorajar uns aos outros, dar bons conselhos e conforto e edificar uns aos outros na Palavra.

O amor de Deus une a igreja e enche as vidas dos Seus filhos, que são então cheios com o Espírito Santo. O Espírito ensina-nos a amar a Deus e ao nosso próximo com um amor que é impossível sem a Sua graça: um amor radical e ilimitado (ver Mateus 18:15–22).

A Igreja Espalha Vida

Assim como Jesus, a igreja é chamada a dar a sua vida, a sacrificar-se para que indivíduos e famílias venham à salvação e sejam restaurados à vida abundante em Jesus Cristo. A igreja, através da proclamação da palavra da verdade, expõe os poderes do mal, que estão escondidos em estruturas de injustiça e opressão. Não ignora o sofrimento mas mantém-se como defesa, lutando para restaurar toda a criação, especialmente os desamparados, aqueles que são invisíveis neste mundo. Cada dia a igreja luta para minimizar a pobreza, ignorância, doença e todos os tipos de sofrimento e injustiça.

Para aqueles que vêm de uma família cristã, a igreja, em vez de ser uma mera comunidade, é a nossa família alargada. Lá temos avós, tios, primos, pais e irmãos na fé que nos amam e que estão interessados no nosso bem estar. No entanto, graças a Deus, isto não é verdade apenas para aqueles que cresceram numa comunidade de fé; todos podem experimentar a igreja como uma família.

Recentemente, num culto de baptismos em Barrio Los Ángeles, San José, na Costa Rica, os candidatos ao baptismo partilharam histórias que tocaram toda a congregação. Um jovem de dezanove anos, que tinha chegado à igreja há um ano atrás, contou acerca da solidão que tinha vivido desde a sua infância, sofrendo de abuso verbal do seu padrasto. Segurando as suas lágrimas, afirmou que quando chegou à igreja sentiu-se amado e aceite pela primeira vez na sua vida. Na igreja, encontrou o amor da família que sempre tinha desejado. Então, uma mulher mais velha contou que tinha procurado toda a vida sentir-se amada e aceite. As suas más decisões levaram-na a uma vida de pecado e maus hábitos, mas a sua história mudou completamente quando chegou à igreja. Na igreja, ela encontrou amor e aceitação e através do discipulado, encontrou orientação para reorientar a sua vida e seguir Jesus Cristo. Dentro de um ano, a sua situação mudou completamente e agora o seu sonho é treinar e usar os seus dons para ganhar outras mulheres para Cristo.

As nossas vidas, as nossas histórias, consistem de uma progressão de experiências. Algumas delas não são esperadas mas a maioria delas são produto das nossas escolhas. A decisão de juntar-se à igreja de Jesus Cristo é uma das decisões de vida mais importantes e cruciais que podemos tomar. É uma decisão radical que irá mudar para sempre a vida da pessoa, dando-lhe um novo propósito e uma nova direcção.

Viver a Experiência Radical de Ser a Igreja

Para vivermos a experiência radical de ser a igreja, precisamos estar envolvidos naquilo que Deus está a fazer no mundo para transformar para sempre as vidas de cada criança, jovem, adulto e idoso. Estar envolvido na missão de Deus é a dinâmica de vida mais desafiante que alguém nos pode propôr.

Hoje, muitos cristãos precisam mudar a forma como vêem a igreja. Deus não criou a igreja para ser mais uma actividade nas nossas vidas, mas

XI. A IGREJA

para nos envolver em experiências transformacionais e emocionantes. O lindo evento de aceitar Cristo como Salvador não é apenas uma experiência vibrante que Deus tem preparado para os Seus filhos. A vida cristã não tem de se tornar rotineira e chata. Quando olhamos para a vida de Jesus e para os cristãos da igreja primitiva ou quando lemos as biografias dos grandes cristãos que nos precederam, podemos dizer que as suas vidas eram tudo menos aborrecidas; elas foram cheias de muito entusiasmo e propósito.

Cada pessoa que pertença à Igreja do Senhor partilha a mesma vocação: "trabalhar pela justiça e testemunhar o reino de Deus" neste mundo, promovendo o reino de Deus no nosso meio, espalhando luz no meio das trevas, arriscar-se a ser diferente, viver em santidade e ser como Cristo no meio de uma sociedade que está profundamente afundada no pecado e que conhece pouco acerca de Deus. Esta é o nosso grande desafio.

É possível mudar o mundo? Sim, mas precisamos comprometer-nos com todo o nosso ser a trabalharmos juntos como igreja: primeiro, precisamos clamar em oração constante e apaixonada por familiares, amigos e conhecidos que estão perdidos. Segundo, precisamos abrir os nossos corações para fazer amigos não-crentes, partilhar Cristo com eles e ensiná-los a viver em santidade como discípulos de Jesus. Terceiro, a nossa tarefa é treiná-los e integrá-los no ministério da igreja para que eles também possam tornar-se agentes de mudança nas nossas comunidades.

A igreja foi feita para ser o corpo de Cristo (Efésios 5:23). A chamada do Senhor é clara: Deus só pode usar uma igreja que se entrega completamente à Sua perfeita vontade (Romanos 12:1; Efésios 5:2). Deus chama cada e todas as pessoas a servirem num lugar específico, tanto na igreja como no mundo, criativamente usando dons, aptidões, recursos financeiros e o tempo que Ele dá. A melhor forma de combater a rotina e o tédio é identificar os nossos dons e então aperfeiçoar e usá-los - e, ao fazê-lo, nunca estaremos aborrecidos.

Servir ao Senhor é uma vida cheia de expectativas, com experiências emocionantes e surpreendentes. Somos chamados a viver a experiência radical de estar activamente envolvidos na igreja de Cristo. O Senhor convida-nos a fazer parte deste maravilhoso plano, um projecto onde podemos crescer e ser continuamente melhorados, onde podemos esforçar-nos até ao limite e devolver a Deus tudo de bom e maravilhoso que o Criador colocou em nós. Este é um projecto que não acabará com as nossas vidas, mas que permanecerá pela eternidade em cada pessoa que é resgatada das correntes do pecado. Não sejamos apenas meros espectadores; em vez disso, trabalhemos juntos como igreja, vivendo esta experiência radical de participar com Jesus à medida que Ele transforma o mundo.

Questões para Reflexão ou Debate

Pense acerca do material que leu no capítulo 11 e considere a sua resposta às seguintes questões. Use referências bíblicas para fortalecer as suas respostas sempre que possível.

1. Qual é a sua definição de igreja?

2. De que formas é que a participação na igreja é como participar num desporto radical?

3. Porque é que Deus providenciou a igreja para os crentes e para o mundo?

4. De que formas é que o Espírito Santo providencia tudo o que é necessário para a igreja cumprir os propósitos de Deus no mundo?

5. Porque é que os líderes e sistemas do mundo rejeitam e perseguem a igreja?

6. O que queria dizer Jesus quando disse aos Seus seguidores para serem sal e luz no nosso mundo?

7. Como é que possível para os crentes cristãos caírem em desunião uns com os outros?

8. Como é que os crentes devem manter a unidade entre eles?

9. Como é que os membros da igreja dão as suas vidas pela missão de Cristo?

XI. A IGREJA

10. Qual seria o exemplo de membros da igreja a oporem-se a estruturas de injustiça e opressão?

11. Qual seria o exemplo de membros da igreja a trabalharem para minimizar a pobreza, a ignorância, a doença ou o sofrimento?

12. De que formas é que a igreja é uma família alargada para todos os que nela participam?

13. De que formas é que escolher participar numa igreja é uma decisão radical?

14. De que formas práticas podemos envolver-nos na missão de Deus para com os cidadãos do mundo?

15. Qual seria um exemplo de testemunhar do reino de Deus?

16. Como é que Deus está a transformar o mundo através da obra da igreja?

17. Porque é que Deus pede aos crentes que consagrem a Ele os dons e habilidades que Ele Lhes deu?

18. Qual tem sido a sua experiência pessoal ao participar na vida da igreja?

19. Como é que a sua compreensão da igreja se tem desenvolvido ao longo do tempo?

20. Que mais poderia fazer para se envolver mais completamente na missão de Deus para o mundo?

UM COMPROMISSO SIMBÓLICO, UM MEIO DA GRAÇA

por Donghwan (Bill) Kwon

Donghwan (Bill) Kwon é um missionário coreano e o chanceler do Southeast Asia Nazarene Bible College assim como o coordenador e superintendente distrital de Myanmar.

XII. Baptismo

Cremos que o baptismo cristão, ordenado pelo nosso Senhor, é um sacramento que significa a aceitação dos benefícios da expiação de Jesus Cristo, para ser administrado aos crentes e constitui uma declaração da sua fé Nele como seu Salvador e do seu pleno propósito de andar obedientemente em santidade e rectidão.

Sendo o baptismo símbolo da nova aliança, as crianças poderão ser baptizadas quando os pais ou tutores o pedirem, os quais ficarão na obrigação de lhes assegurar o necessário ensino cristão.

O baptismo pode ser administrado por aspersão, afusão ou imersão, segundo o desejo do candidato.

(Mateus 3:1-7; 28:16-20; Actos 2:37-41; 8:35-39; 10:44-48; 16:29-34; 19:1- 6; Romanos 6:3-4; Gálatas 3:26-28; Colossenses 2:12; 1 Pedro 3:18-22)

Nas igrejas filipinas, a cerimónia baptismal está frequentemente entrelaçada com os passeios anuais da igreja. Nesta parte da região, os cristãos ainda preferem cerimónias de total imersão mas a maioria das igrejas não tem baptistério. Então, frequentemente vão a piscinas de natação para uma cerimónia especial de baptismo, que acontece aos domingos, quando os participantes podem ser baptizados e ter um tempo de louvor ao lado da piscina. Os membros trazem a sua comida para partilharem uns com os outros. Sendo missionário coreano, achei interessante este culto baptismal de domingo na piscina. De facto, pode ser uma versão filipina de

Actos 2:42-47, onde os crentes adoravam, comungavam, partiam o pão e oravam juntos.

O Senhor chamou Billy

Era o primeiro domingo de baptismos da River of Life Christian Fellowship, que foi plantada numa comunidade pobre chamada *Rowenas* nas Filipinas. Ao preparar as classes de baptismo, ficámos maravilhados ao ter cinquenta e oito candidatos no primeiro ano. Nesse dia, demorou quase duas horas para baptizá-los a todos. Os candidatos preparavam-se em oração ao longo da piscina. À medida que entravam na piscina, assegurávamo-nos que tinham a certeza da salvação através de Jesus Cristo. Quando o candidato respondia afirmativamente, emergiamo-lo durante um momento. Então, a comunidade da igreja aplaudia até que o próximo candidato fosse chamado.

Os cinquenta e oito candidatos a aguardar na fila, acabaram, de facto, por se tornar em cinquenta e nove baptizados. Um jovem chamado Billy chegou à piscina exactamente depois do suposto último candidato, o quinquagésimo oitavo, ter sido baptizado. Billy assumiu que aquele momento era apenas uma ida à piscina com os jovens da igreja. Quando ele apareceu, Jackson Natividad, o pastor local, convidou-o a ser baptizado. Depois de um momento de leve hesitação, Billy concordou. Nos poucos segundos em que foi baptizado, o Espírito Santo tocou poderosamente nele. Quando saiu da água, não conseguia parar de chorar e de tremer. Abracei-o e orei por ele ao sentir a grande obra do Espírito Santo no seu coração. Mais tarde, partilhou o seu testemunho:

> Enquanto estava a dirigir-me ao pastor, não sei porquê, começaram a cair-me lágrimas. Veio à minha mente o que tinha feito antes. Fui emergido nas águas e quando saí, as minhas lágrimas caíram novamente. Depois disso, senti-me muito leve. Senti que alguém me abraçava. Disse ao Senhor: "Senhor, tens-me mostrado que tipo de pessoa sou. É assim que é suposto eu ser?" Depois de experimentar o poder do Senhor, notei que estava a começar a evitar os meus vícios. A minha rotina tinha mudado. Agora estou mais tempo na igreja. O meu desejo é que Deus

continue a transformar-me. Também oro para que Ele me use poderosamente pelo Seu reino.

O apóstolo Pedro, em Actos 10, testemunhou experiências semelhantes. Depois de um sonho incomum, Pedro foi convidado por Cornélio, o centurião romano, a visitar a sua casa. Sem compreender tudo o que estava a acontecer, seguiu a orientação do Espírito Santo. Pedro experimentou a grande obra do Espírito Santo quando pregou. Isto era algo inimaginável aos olhos do apóstolo judeu - estar entre os gentios. Como Pedro partilhou, "Pode alguém, porventura, recusar a água, para que não sejam baptizados estes [gentios], que também receberam, como nós, o Espírito Santo?" (versículo 47).

A Obra do Espírito Santo

Através de Billy, aprendi que o baptismo tem duas naturezas essenciais. O baptismo dos crentes é feito pela obra genuína do Espírito Santo e a evidência - o fruto do baptismo - é a vida transformada de um crente. A cerimónia do baptismo em si mesma pode ser uma forma de ritual que testifica da sua salvação. Ainda assim, é o Espírito Santo que penetra e transforma os crentes a comprometerem as suas vidas como verdadeiros discípulos que seguem Cristo. Quando o Espírito tocou Billy, a sua vida foi radicalmente transformada. Todos na comunidade podiam testificar que ele se tornou um novo ser. A mãe de Billy, sendo uma mulher de oração, também estava muito feliz pelo baptismo de Billy e pela sua genuína transformação.

Hoje, o Billy ainda vai de casa em casa na sua pequena comunidade de *Rowenas*, para partilhar as boas novas. Agora lidera um grupo pequeno de discipulado incluindo rapazes e raparigas na comunidade. Também se tem envolvido activamente no ministério de divulgação numa comunidade vizinha. Sei que a sua vida nem sempre está livre de problemas, mas tenho a certeza que o Espírito Santo, que o tem preenchido, irá continuar a abraçá-lo e guiar.

Diferentes Métodos, o Mesmo Espírito

Na igreja global, vejo diferentes métodos para as cerimónias de baptismo, mas a essência do baptismo do crente só pode ser encontrada quando o Espírito Santo está a trabalhar. Está ainda além da nossa compreensão como é que o Espírito Santo procura os corações mas Ele é evidente nas vidas dos crentes como visto no caso de Billy. No nosso campo missionário, ficamos deleitados ao ouvir e a testemunhar tantas pessoas que chegam à fé em Jesus Cristo e que são baptizadas a cada ano.

Alguns pais escolhem trazer os seus bebés para serem baptizados, buscando a unção do Espírito Santo enquanto se comprometem a educá-los de uma forma justa. A Igreja do Nazareno tem sempre reconhecido os baptismos de bebés como símbolo das intenções dos pais ou tutores de educar os seus filhos na Igreja de Deus e na sua esperança de ver os seus filhos escolherem os caminhos de Deus quando foram mais velhos. Como diz o *Manual*, "O baptismo cristão significa [para os bebés] a aceitação de Deus dentro da comunidade cristã de fé na base da graça preveniente. Antecipa a sua confissão pessoal de fé em Jesus Cristo."

Ficamos deleitados por reconhecer e proclamar o baptismo não como um evento único mas como um compromisso simbólico que convida o Espírito Santo a trabalhar visível e continuamente nas vidas diárias dos crentes.

Questões para Reflexão ou Debate

Pense acerca do material que leu no capítulo 12 e considere a sua resposta às seguintes questões. Use referências bíblicas para fortalecer as suas respostas sempre que possível.

1. Qual é a sua compreensão do significado do baptismo cristão?

2. Que questões tem acerca do baptismo cristão?

3. Muitas tradições cristãs, incluindo a Igreja do Nazareno, reconhecem o baptismo como um sacramento. O que significa isto para si?

4. O que queremos dizer quando dizemos que o baptismo é um "meio da graça"?

5. Porque é que alguns crentes têm uma resposta emocional nos seus baptismos como Billy relatou neste capítulo?

XII. BAPTISMO

6. Apesar de alguns crentes decidirem apresentar-se como candidatos ao baptismo, o verdadeiro significado do baptismo é a obra do Espírito Santo. Como é que isto acontece?

7. Como é que explica a transformação de Deus nas vidas dos crentes depois da conversão e do baptismo?

8. Como descreveria a obra contínua do Espírito Santo nas vidas dos crentes a seguir ao baptismo?

9. Porque é que é esperado o fruto de uma vida transformada nos crentes?

10. Porque é que a Igreja do Nazareno não especifica uma forma concreta de baptismo?

11. Crê que uma forma de baptismo é mais efectiva do que a outra? Porque sim ou porque não?

12. Qual é o significado do baptismo para os bebés ou crianças pequenas como reconhecido pela Igreja do Nazareno e noutros grupos cristãos de fé?

13. Que responsabilidade é que os pais, tutores, ou acompanhantes assumem ao apresentar um bebé ou uma criança pequena para o baptismo?

14. Que responsabilidade é que a comunidade local de fé assume quando um bebé ou uma criança pequena é baptizada?

15. De que forma é que o baptismo infantil difere de uma dedicação?

16. De que forma é que o baptismo não é um evento único, como articulado pelo autor deste capítulo?

17. Porque supõe que alguns crentes cristãos não se apresentam para o baptismo?

18. Como desafiaria um crente não-baptizado a considerar o baptismo como um meio da graça?

VENHAM À MESA

por Anna Muller

Anna Muller (não o nome real) é uma missionária e académica nazarena. O seu nome foi mudado por questões de segurança.

XIII. A Santa Ceia

Cremos que a Ceia Memorial e de Comunhão, instituída por nosso Senhor e Salvador Jesus Cristo, é essencialmente um sacramento do Novo Testamento que declara a Sua morte sacrificial, e de que os crentes, pelos merecimentos desta, têm vida, salvação e promessa de todas as bênçãos espirituais em Cristo. É especialmente para aqueles que estão preparados para uma reverente consideração do seu significado e por meio dela anunciam publicamente a morte do Senhor, até que Ele volte. Sendo esta a festa da Comunhão, somente aqueles que têm fé em Cristo e amor pelos irmãos devem ser convidados a participar dela.

(Êxodo 12:1-14; Mateus 26:26-29; Marcos 14:22-25; Lucas 22:17-20; João 6:28-58; 1 Coríntios 10:14-21; 11:23-32)

Quando era pequena, lembro-me que a minha família alargada se juntava ao longo da mesa para celebrar o luar da passagem de ano. Essa era uma das celebrações mais importantes da nossa cultura. Trazia-nos muita alegria e diversão. Sentíamos muita esperança para o ano novo. Nessa noite, todos os que estavam à mesa eram tratados como membros da família; não importando há quanto tempo se conheciam.

Jantar com o Criador

A imagem da mesa é uma imagem aconchegante em vários países e culturas à volta do mundo. Estar à volta da mesa e partilhar uma refeição tem significado tanto para identidades relacionais como sociais. Podemos imaginar estar à mesa do Senhor "nas bodas do Cordeiro" (Apocalipse 19:9) - a comer e a beber com Ele, o Criador do universo?! Vamos desfrutar da emocionante e calorosa comunhão com os santos de todos os lugares e de todas as eras. Mais importante, iremos experimentar a nossa identidade como convidados extremamente honrados do nosso Senhor Jesus. Estes pensamentos encorajam-nos enquanto antecipamos a vinda desse dia.

Jesus falou deste grande banquete no Seu ministério terreno (Mateus 26:29) mas também preparou uma mesa para comungarmos e experimentarmos a Sua presença enquanto ainda estava na terra. Chamamos a isso a Ceia do Senhor. Perto do fim da Sua missão terrena, antes da Sua crucificação e ressurreição, Jesus juntou os Seus discípulos para a refeição da Páscoa. Ele instituiu a Ceia do Senhor nessa noite como dito em Lucas 22:14-20:

> "E, chegada a hora, pôs-se à mesa, e com ele os doze apóstolos, e disse-lhes: Desejei muito comer convosco esta páscoa, antes que padeça; Porque vos digo que não a comerei mais, até que ela se cumpra no reino de Deus. E tomando o cálix, e havendo dado graças, disse: Tomai-o, e reparti-o entre vós; Porque vos digo que já não beberei do fruto da vide, até que venha o reino de Deus. E, tomando o pão, e havendo dado graças, partiu-o, e deu-lho, dizendo: Isto é o meu corpo, que por vós é dado; fazei isto em memória de mim. Semelhantemente tomou o cálix, depois da ceia, dizendo: Este cálix é o Novo Testamento no meu sangue, que é derramado por vós."

Conectar Duas Refeições

Este sacramento tem diferentes nomes. Os mais comuns são a Ceia do Senhor, Comunhão, Eucaristia, a Mesa do Senhor e o partir do pão. Na igreja primitiva, a Ceia do Senhor e a festa do amor ágape eram um só evento. À medida que o tempo foi passando, a Ceia do Senhor separou-se da festa do amor e, eventualmente, tornou-se cada vez menos uma refeição. Este sacramento liga dois eventos: a refeição de Páscoa que Jesus teve com os Seus discípulos e o futuro banquete das bodas do Cordeiro.

A Ceia do Senhor é um meio da graça instituído, uma forma abençoada de derramar a misericórdia e graça de Deus pelo Seu povo. Rob Staples escreveu em *Outward Sign and Inward Grace* que, se chamamos ao baptismo o "sacramento de iniciação" então a Ceia do Senhor devia ser chamada de "sacramento de santificação." É um meio da graça que promove a santidade.

Experimentar a Sua Presença

Experimentamos a presença de Cristo na Ceia do Senhor. Esta presença não é na Sua humanidade mas na Sua divindade, uma presença espiritual em vez de corpórea. A presença objectiva de Cristo na Ceia é a de uma pessoa viva e activa a trabalhar através dos elementos. Chamamo-la de real porque é uma "presença viva."

Thomas Oden disse, "A Santa Ceia é um modo de confissão. Ao tomar da Santa Ceia, confessamos a Sua viva presença e senhorio. Através desses meios, a igreja é chamada a regularmente confessar Cristo até ao julgamento final."

Cada ano, ao antecipar a ceia da passagem de ano, a alegria e esperança nesse processo torna-se cada vez mais intensa à medida que chegamos mais perto da data. Quando chego à Ceia do Senhor, sou lembrada que o Senhor está sempre connosco e que estou cada vez mais perto de participar nesse grande banquete com Ele no fim dos tempos. A Ceia do Senhor não é apenas cheia da beleza solene de Cristo, o nosso Cordeiro, e daquilo que Ele fez por nós, mas também inclui o calor da comunhão na família de Deus e o que significa ser chamado filho de Deus. Esta mesa flui da graça de Deus. Lembra-me que, até mesmo antes de conhecermos Jesus e a Sua salvação, o Seu Espírito Santo estava a trabalhar nas nossas vidas. Ele está a alcançar cada ser humano neste mundo através da Sua graça imerecida. Sem o sacrifício do Cordeiro, nenhum de nós pode ser salvo. O pecado separou-nos de Deus. Não nos podemos salvar desta escravatura.

A Acção de Graças Transborda

A salvação vem apenas pela fé no Filho de Deus - "o Cordeiro que foi morto desde a fundação do mundo" (Apocalipse 13:8). Esta graça é tão maravilhosa e indescritível que os nossos corações deviam transbordar de acções de graças ao nosso Pai celestial por nos dar o Seu único filho. Esta é a razão pela qual dizemos que a graça transborda da Mesa; as acções de graças transbordam para o nosso Deus pela Sua graça.

A mesa também nos lembra do amor de Deus. Jesus disse, "Este é o meu corpo dado por vós," e "o meu sangue que é derramado por vós" (Lucas 22:19, 20). Cristo morreu por nós quando ainda éramos pecadores. Até ficarmos mais velhos e nos tornarmos mais conscientes, não compreendemos totalmente o que é o pecado e quão fracos e frágeis somos em relação à tentação. Só ao amadurecermos e crescermos na nossa fé é que podemos totalmente compreender quão maravilhosa e preciosa é a graça redentora de Deus nas nossas vidas. Ele sacrificou o Seu único filho para que pudéssemos ser chamados Seus filhos e herdar as bênçãos e esperanças que vêm d'Ele. Quando partimos o pão, isso lembra-nos d'Aquele que foi despedaçado para que pudéssemos reconciliar-nos com o nosso Deus. Quando tomamos o sumo, sussurra-nos Aquele que derramou o Seu sangue para que pudéssemos ser perdoados e viver para sempre. Jesus disse, "Quem de mim se alimenta, também viverá por mim" (João 6:57b). "Fazei isto em minha memória" (Lucas 22:19c). Se realmente amamos Jesus, obedeceremos aos Seus mandamentos. Lembramo-nos d'Ele não apenas de memória, mas de uma lembrança muito mais profunda e íntima de cada encontro com Ele, o que traz esse primeiro amor mais uma vez aos nossos corações. Este é o "memorial" que Jesus encorajou.

Esperança Final

Esta mesa dá esperança final a todos os crentes. Somos criados por Jesus e para Ele. Ele nunca pretendeu que vivêssemos separados do Dador da vida. Quando nos juntamos à volta da mesa, percebemos quem realmente somos e porque é que estamos aqui na terra. Nunca pertencemos a nós mesmos nem ao mundo; somos um "sacerdócio real, uma nação santa" (1 Pedro 2:9). Esta identidade traz uma grande esperança.

Por vezes perdemos o foco e ficamos presos às preocupações deste mundo. Lembremo-nos que nos estamos a preparar para a ceia das bodas do Cordeiro. A esperança de estar para sempre com Jesus oferece luz nas trevas. Recorde também a Sua promessa de que Ele voltará para nos levar para casa. "E digo-vos que, desde agora, não beberei deste fruto da vide, até àquele dia em que o beba, de novo, convosco, no reino do meu Pai" (Mateus 26:29).

Todos os Crentes Estão Unidos

Esta mesa também liga todos os crentes no amor de Cristo. Jesus mandou os Seus discípulos, na noite que instituiu a Ceia do Senhor, para se amarem uns aos outros como Ele os tinha amado. O Criador do universo humilhou-Se para lavar os pés das Suas criaturas para que elas pudessem aprender o que significa amar uns aos outros. Quando chegamos à mesa, lembramo-nos que somos meros pecadores; nenhum é melhor do que o outro. Nenhum merece a graça de Deus. Por isso, nenhum deve desprezar o outro seja porque razão for. Devemos pedir ao Senhor para nos dar continuamente a perspectiva do céu para que possamos amar incondicionalmente, como o nosso Senhor Jesus. Como seres humanos, não somos perfeitos no procedimento, mas podemos ser feitos perfeitos no amor de Cristo. Jesus lembrou-nos que quando amamos uns aos outros, o mundo reconhece-nos como Seus discípulos. Esta mesa elimina barreiras que separam género, idade, cultura, língua, estado social e tudo o que o mundo usa para separar as pessoas em segmentos quebrados. A Ceia do Senhor elimina linhas e une todos os crentes como um perante Ele.

A Ceia do Senhor é semelhante àquela grande, aconchegante e esperançosa refeição de passagem de ano da minha infância, mas, ao mesmo tempo, a Eucaristia é muito mais significativa. Desejamos estar com Cristo; Ele deseja estar connosco. Quer imagine um banquete de casamento ou uma celebração familiar, a presença de Cristo é a coisa mais importante e isso basta.

> *Venham, juntemo-nos em acordo comum*
> *Que partilham a Ceia do Senhor,*
> *Cantem o louvor do nosso Senhor e Mestre;*
> *Nutridos na terra com o pão vivo,*
> *Estamos agora, alimentados, à Sua mesa,*
> *Mas esperamos para ver o nosso Rei celestial;*
> *Para ver o grande invisível*
> *Sem um véu sacramental,*
> *Com as Suas roupas de glória postas,*
> *Em alegria arrebatadora e amor e louvor*
> *Ele a contemplar com o rosto aberto,*

No alto de Seu eterno trono.
—Charles Wesley

Questões para Reflexão ou Debate

Pense acerca do material que leu no capítulo 13 e considere a sua resposta às seguintes questões. Use referências bíblicas para fortalecer as suas respostas sempre que possível.

1. Relembre algumas das suas memórias favoritas de refeições familiares partilhadas juntos.

2. Quais são alguns dos seus elementos favoritos ao participar na Ceia do Senhor?

3. De que formas é que ligar a Ceia do Senhor à ceia das bodas do Cordeiro (Apocalipse 19:9) adicionam significado e antecipação à participação na Ceia do Senhor?

4. O que queremos dizer quando dizemos que experimentamos a presença do Senhor Jesus quando participamos na Ceia do Senhor?

5. De que formas é que a Ceia do Senhor é um meio da graça?

6. Que características da graça de Deus se tornam claras na Ceia do Senhor?

7. Como é que a Ceia do Senhor promove a santidade?

8. De que formas é que confessamos Cristo quando participamos na Ceia do Senhor?

9. Explique como é que a Ceia do Senhor pode ser um momento de união para os filhos de Deus.

10. O acto de partir o pão chama-nos a relembrar o corpo partido de Cristo. Que significado espiritual pode ser compreendido do corpo de Cristo ao ser quebrado por si?

11. O beber do sumo chama-nos a relembrar o sangue derramado de Cristo. Que significado espiritual pode ser compreendido do sangue de Cristo a ser derramado por si?

XIII. A SANTA CEIA

12. De que formas é que nos relembramos de Cristo na Ceia do Senhor?

13. De que formas é que a Ceia do Senhor fortalece a nossa esperança?

14. Porque acha que Jesus disse, "não beberei deste fruto da vide, até àquele dia em que o beba, de novo, convosco, no reino do meu Pai" (Mateus 26:29)?

15. Pense numa altura da sua vida onde deixou de participar numa actividade ou consumo de uma comida ou bebida até que um certo evento acontecesse. Como é que este exercício aumentou a sua antecipação e esperança?

16. Porque é que Jesus liga a Ceia do Senhor ao amor uns pelos outros?

17. Como é que a Ceia do Senhor nos ajuda a focar na perspectiva celestial?

18. Como é que os cristãos são tornados perfeitos no amor de Cristo?

19. Descreva como é que a participação na Ceia do Senhor ajuda a eliminar as barreiras entre os crentes.

20. Como é que a fé pode ser fortalecida ao perceber que Cristo está ansioso para estar connosco nas bodas do banquete do Cordeiro como nós estamos ansiosos para estar com Ele?

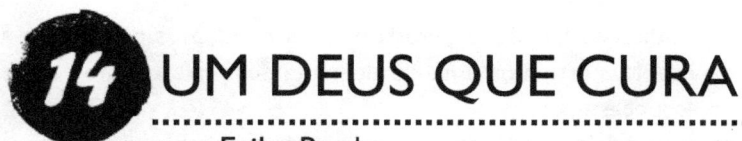

14 UM DEUS QUE CURA

por Erika Rocha

Erika Rocha e o seu esposo, Marco, são pastores da Igreja do Nazareno de Villa Lugano em Buenos Aires, Argentina.

XIV. Cura Divina

Cremos na doutrina bíblica da cura divina e exortamos o nosso povo a oferecer a oração da fé para a cura dos doentes. Cremos, também, que Deus cura através dos meios da ciência médica.

(2 Reis 5:1-19; Salmos 103:1-5; Mateus 4:23-24; 9:18-35; João 4:46-54; Actos 5:12-16; 9:32-42; 14:8-15; 1 Coríntios 12:4-11; 2 Coríntios 12:7- 10; Tiago 5:13-16)

Cremos num Deus que cura. Cremos na oração cheia de fé pela cura dos doentes. Pregamos isto com alegria, ensinamo-lo à próxima geração e praticamo-lo sempre que temos oportunidade.

Cresci na Igreja do Nazareno. Foi lá onde fui moldada como mulher e seguidora de Jesus Cristo. Conheci o meu marido na igreja; formámos uma família e hoje ministramos como pastores de uma congregação florescente no sul da cidade de Buenos Aires, Argentina. Muitos testemunhos vêm-me à mente ao pensar na cura que Deus fez - alguns deles tão gloriosos que levaram a um avivamento espiritual nas congregações onde ocorreram. Apesar disso, também me lembro de tempos em que Deus não curou ou em que a cura não veio da forma como a esperávamos.

Alegria e Mágoa

Estava a acabar a minha formação no seminário juntamente com o meu marido e estávamos prontos para começar o nosso primeiro pastorado numa pequena congregação nos arredores de Buenos Aires. A igreja aguardava ansiosamente por nós e nós, juntamente com a nossa filha de três anos e um outro filho a caminho, estávamos felizes por começar a servir ali ao Senhor. Tudo estava pronto para que a nossa família e a nossa congregação desfrutassem novamente desta nova etapa das nossas vidas.

O nosso filho nasceu na data esperada e experimentámos novamente a bênção da vida. Mas este momento de alegria também trouxe momentos que nunca esqueceremos.

Logo depois dele nascer, apresentou problemas respiratórios e teve de ir para a unidade de cuidados intensivos. A vida do nosso recém-nascido estava em jogo e o prognóstico era incerto. Eu e o meu marido enfrentámos o momento com a mesma fé que nos susteve durante tantos momentos difíceis nas nossas vidas. Confiámos novamente no nosso Deus e orámos para que o nosso filho fosse curado. A igreja, amigos, família e até pessoas que não conhecíamos juntaram-se a nós em oração pela cura enquanto esperávamos em Deus. Mas os dias passavam e não me conseguia concentrar na minha recuperação pós-parto. Perdi o apetite e só pensava em clamar ao Senhor pela vida do meu filho. Não ser capaz de o ter ao meu lado partia-me o coração. Sempre que nos era permitido vê-lo, tudo o que conseguíamos fazer era agarrar a pequena mão dele e orar.

Quatro dias depois do seu nascimento, os médicos informaram-nos que a situação do nosso filho tinha piorado e que não havia nada a ser feito. Foi-nos pedido que nos despedíssemos do nosso precioso filho. Eu e o meu marido entrámos na unidade de cuidados intensivos uma última vez, aproximámo-nos dele, abraçámo-lo nos nossos braços e, com lágrimas nos olhos e uma sensação mista de sofrimento e esperança, orámos uma última vez. Deixámos a unidade e apenas uns minutos depois, os médicos informaram-nos que o nosso pequeno menino tinha partido para o Senhor.

Mágoa e depois Cura

Esta experiência marcou a minha vida e a vida da minha família. Depois de ultrapassar esta situação dolorosa, compreendemos mais profundamente que Deus cura de várias formas e não apenas fisicamente. A dor de imaginar o nosso menino a acompanhar-nos no ministério - e saber agora que ele nunca nos acompanharia - levou-nos a encontrar outro aspecto do nosso Deus que cura. Deus curou os nossos corações. Deus restaurou a nossa família. Deus demonstrou amor para connosco através de irmãos e irmãs que caminharam juntamente connosco durante todo este processo. E Deus ajudou-nos a experimentar uma dimensão sobrenatural de fé que não teríamos de outra maneira.

XIV. CURA DIVINA

É fácil reduzir a cura divina à cura física. No entanto, Deus quer curar de várias formas. Salmos 147:3 mostra-nos que Deus cura as nossas emoções: "Sara os quebrantados de coração, e liga-lhes as feridas." Também podemos afirmar que não há vida mais saudável do que aquela caminhada em santidade, mesmo quando o corpo está doente. O apóstolo Paulo ensina em 2 Coríntios 4:16: "Por isso não desfalecemos; mas, ainda que o nosso homem exterior se corrompa, o interior, contudo, se renova de dia em dia." Muitas pessoas ao longo das suas jornadas cristãs têm mudado hábitos destrutivos para o benefício da sua saúde física, mental e emocional. O Senhor ajuda-nos a valorizar o que não cuidamos, incluindo a nossa saúde, como o apóstolo Paulo expressa em 1 Tessalonicenses 5:23b: "e todo o vosso espírito, e alma, e corpo, sejam plenamente conservados irrepreensíveis, para a vinda do nosso Senhor Jesus Cristo."

Se considerarmos que os nossos corpos são parte de um todo e que Deus nos vê dessa forma, estaremos melhor preparados para compreender que Deus cura de várias formas e nem sempre como esperamos. No seu livro *Fully Alive: Discovering the Adventure of Healthy and Holy Living*, Jerry e Larry Hull afirmam o seguinte: "Podemos olhar à nossa volta ou para o espelho que olha para nós e encontraremos pessoas... limitadas, defeituosas. A rota para a saúde completa começa quando reconhecemos as nossas limitações e as aceitamos como oportunidades, desafios e aventuras."

Cura, no entanto Deus escolhe

Quando nos referimos à cura divina, é importante evitar a tentação de crer que Deus está ao nosso alcance e que, à nossa chamada, vem curar-nos quando quer que o peçamos, como se fosse a obrigação de Deus fazê-lo como queremos. Este falso conceito tem causado estragos na Igreja, levando muitos a seguir um Deus que parece mais um mago cósmico do que um Deus soberano que deseja manifestar-Se com poder sobre os Seus filhos da forma como Ele escolher.

Apesar da experiência dolorosa de perder o nosso filho, eu e o meu marido assumimos o compromisso de pastorear a congregação que esperava por nós. Durante os anos que lá ministramos, Deus usou os nossos preciosos irmãos e irmãs, assim como outros amigos do ministério, para curar as nossas feridas. Alguns anos mais tarde, o Senhor abençoou-nos com a chegada de outro filho, que hoje está a crescer rapidamente e que nos acompanha nos nossos esforços ministeriais juntamente com a sua irmã. Reconhecemos que Deus tem colocado casais perto de nós que têm passado pelo sofrimento da perda de um bebé, aos quais podemos ministrar e ajudar a experimentar este outro aspecto da cura divina.

Oremos com fé, confiando que a resposta às súplicas da cura que Deus preparou para nós virá quando e como Deus decidir porque Ele é soberano. Aprendamos a confiar plenamente e a descansar no nosso Senhor.

Questões para Reflexão ou Debate

Pense acerca do material que leu no capítulo 14 e considere a sua resposta às seguintes questões. Use referências bíblicas para fortalecer as suas respostas sempre que possível.

1. Qual tem sido a sua compreensão sobre a cura divina antes de ler este capítulo?
2. Que más interpretações comuns sobre a cura divina persistem no seu contexto cultural?
3. Como crê que Deus responde a orações de cura?
4. Crê que a falta de cura divina resulta da falta de fé?
5. Como é que Deus, por vezes, cura de outras formas que não a cura física?
6. De que formas é que Deus apoia e sustém os crentes em alturas em que não responde com a cura divina?
7. De que formas é que os membros da comunidade de fé apoiam e suportam os crentes em alturas quando Deus não responde com cura divina?
8. Como é que Deus pode trazer cura sem ser por meios milagrosos?

XIV. CURA DIVINA

9. De acordo com o Artigo de Fé XIV, qual é a posição da Igreja do Nazareno relativamente a consultar médicos e a tomar medicamentos?

10. Que responsabilidade temos em comer bem, em fazermos exercício e em participarmos em práticas que promovam a boa saúde?

11. Quais são alguns princípios que devem ser mantidos na mente para com as enfermidades, sofrimento crónico ou doenças das quais Deus não nos livra?

12. Como é que os crentes que continuam a viver com enfermidades, sofrimento crónico ou doenças podem, de forma única, ser curadores feridos que são capazes de ministrar aos outros em situações similares?

13. Como é que é possível ter fé na nossa própria fé da cura em vez de ter fé em Deus?

14. Quais são os perigos de ter fé na nossa própria fé?

15. Que elementos deviam caracterizar as nossas orações de fé pela cura divina?

16. Como melhor podemos aprender a confiar e a descansar em Cristo, independentemente de Ele responder às orações por cura quando Lhe pedimos?

15 CRISTO VOLTARÁ NOVAMENTE

por Jon Twitchell

Jon Twitchell serve actualmente a Nazarene Foundation como vice-presidente de planeamento de heranças e dádivas.

XV. Segunda Vinda de Cristo

Cremos que o Senhor Jesus Cristo voltará outra vez; que nós, os que estivermos vivos na Sua vinda, não precederemos aqueles que morreram em Cristo Jesus; mas que, se permanecermos n'Ele, seremos arrebatados com os santos ressuscitados para encontrarmos o Senhor nos ares, de sorte que estaremos para sempre com o Senhor.

(Mateus 25:31-46; João 14:1-3; Actos 1:9-11; Filipenses 3:20-21; 1 Tessalonicenses 4:13-18; Tito 2:11-14; Hebreus 9:26-28; 2 Pedro 3:3-15; Apocalipse 1:7-8; 22:7-20)

Os primeiros catorze Artigos da Igreja do Nazareno proclamam o que as Escrituras nos têm revelado acerca de quem Deus é, do que Ele tem feito e do que está a fazer. O décimo quinto Artigo volta a nossa atenção para o futuro. A doutrina da segunda vinda volta-se para o retorno de Cristo e a nossa redenção final no fim do mundo. Com esta mudança em foco, vem o reconhecimento de que estamos a entrar num território frágil. Em vez de contar a história daquilo que já aconteceu e explicar como é que isso nos impacta hoje, enfrentamos agora a tarefa de tentar compreender como é que Deus traz esta grande narrativa da redenção à sua grande e gloriosa conclusão.

Ao estudarmos profecia, precisamos ser guiados pelo princípio de que as Escrituras nunca devem ser interpretadas para significar algo drasticamente diferente do que significou para a sua audiência original. Qualquer interpretação não deverá apenas fazer sentido para nós mas também deveria ter feito sentido para os ouvintes originais. Se a profecia não fazia sentido para eles no seu tempo, provavelmente não a preservariam nem a passariam de geração em geração.

Escatologia

O estudo do final dos tempos é chamado de escatologia. A linguagem da escatologia é robusta e complicada, com numerosas frases e palavras usadas para descrever diferentes campos de crença. Os grandes campos de crença são caracterizados em pré-milenismo, pós-milenismo e amilenismo. Dentro do grupo do pré-milenismo, encontramos aqueles que crêem no arrebatamento e esses crentes são caracterizados como pré-, durante e pós-tribulação. Em vez de tentar definir cada uma dessas posições, vamos considerar algumas das questões que dividem esses campos:

Haverá um reino literal de mil anos de Cristo na terra (um reino milenal)? Será que este reino milenal será introduzido quando Cristo voltar à terra? Ou irá Cristo reinar através da Igreja ao redor do mundo, trazendo o reino de Deus à realidade nos mil anos antes da volta física de Cristo?

Será que os eventos de Apocalipse ocorreram parcialmente no ano 70 d.C. com a queda do templo e de Jerusalém? Ou será que nenhum desses eventos do livro de Apocalipse ainda ocorreu?

Quando Jesus voltar, será encaminhado para a terra pelos fiéis para estabelecer o Seu reino, ou será que os arrebatará para o céu, enquanto os ímpios sofrem uma tribulação? Se houver uma tribulação dos ímpios, irá Jesus arrebatar a Sua noiva antes, durante ou depois?

É a tribulação algo que os não-crentes vão sofrer? Ou é uma grande tribulação para os santos? É possível conhecer alguma data? Ou até reconhecer os sinais dos tempos?

Diferentes Conclusões

Estas questões são estudadas e debatidas por leigos, pastores e teólogos à volta de todo o mundo. Académicos e teólogos que têm estudado durante anos, chegam a conclusões diferentes. Os pastores tentam interpretar essas conclusões e providenciá-las aos leigos que também estão rodeados de todos os tipos de teologia e literatura popular sobre o assunto - muitas das quais não são consistentes com a abordagem wesleyana da interpretação escriturística.

Por vezes as pessoas surpreendem-se ao saber que a Igreja do Nazareno não requer que os membros pertençam a um campo escatológico em particular. Em vez disso, o nosso décimo quinto Artigo de Fé foca-se nos essenciais. É tão importante notar o que o Artigo de Fé *diz*, como é importante notar o que ele *não diz*. Por exemplo, note que não há nenhuma menção específica de um arrebatamento secreto da Igreja.

Alguns poderão perguntar, "Arrebatados... para nos encontrarmos com o Senhor no ar" não é o mesmo que um arrebatamento secreto?" Não necessariamente. Só porque há um encontro no ar, o Artigo não refere onde Jesus e os santos vão *depois* do encontro. Os académicos têm apontado que a palavra para *encontro* usada em Tessalonicenses 4 é a mesma palavra que é usada para descrever a comissão de recepção que vai ao encontro de um dignitário visitante e acompanha-o de volta à cidade. Neste caso, pode não ser que os santos sejam raptados mas que, em vez disso, os santos se vão encontrar com o Senhor no ar e O recebam de volta à terra para estabelecer o Seu reino. O nosso Artigo de Fé não toma uma posição neste sentido ou noutro. Também não tomamos uma posição oficial sobre o que significa a "grande tribulação," ou acerca do reino milenal. Muito não é dito no nosso Artigo de Fé - dando liberdade para estudo e para uma multidão de opiniões.

Poderá ser tentador desejar uma visão de escatologia única e autorizada. No entanto, é útil lembrar que inúmeros eruditos ao longo dos séculos têm chegado a diferentes conclusões acerca destas questões. Significa isso que deixaremos de nos preocupar? Significa que devemos ignorar qualquer debate sobre o fim dos tempos e a volta de Cristo? Não me parece. Devemos estudar absolutamente as Escrituras. Não há mal em explorar as diferentes teorias acerca de como esta era pode chegar a uma conclusão. Mas lembremo-nos que, na sua maioria, estas são teorias não testadas que não devem chegar ao nível de dogma. Devemos ter cuidado em não estarmos tão focados nas várias teorias escatológicas que paremos de nos focar em como vivemos hoje as nossas vidas.

Cristo Voltará Novamente

Ao mesmo tempo, reconhecemos que, enquanto há um desacordo entre académicos e teólogos, podemos chegar a um acordo sólido nas coisas que são citadas no nosso Artigo de Fé - nomeadamente que Cristo irá voltar, os mortos serão ressuscitados e que os ressurrectos e vivos santos serão arrebatados para se encontrarem com Jesus no ar e que ficarão para sempre com o Senhor. Estes são pontos de fé sólidos sobre a segunda vinda de Cristo que não são negociáveis.

Muito da escrita do nosso Artigo de Fé é trazido das cartas de Paulo aos crentes em Tessalónica. Crendo que Cristo retornaria no seu tempo de vida, esses santos estavam preocupados com aqueles que já tinham morrido antes da segunda vinda. No meio do seu sofrimento e dúvida, Paulo ofereceu-lhes a certeza da volta de Cristo e da esperança da ressurreição para todos os que morreram em Cristo.

"Portanto, consolai-vos uns aos outros com estas palavras" (1 Tessalonicenses 4:18): *Cristo voltará.*

Estão os céus cinzentos com nuvens? Cristo voltará.

A carga parece muito pesada para carregar? Cristo voltará.

Está a sofrer? Cristo voltará.

Está doente? Cristo voltará.

Está em perigo? Cristo voltará.

Está desencorajado pela influência do mal no mundo? Cristo voltará.

Quando parece que as trevas e a morte estão a ganhar, quando parece que as forças do mal estão demasiado fortes, quando as nuvens cobrem o céu: olhem para o este, porque Cristo voltará.

Uma Rocha Sólida de Optimismo Esperançoso

Posto neste contexto, o nosso Artigo de Fé não é fraco de todo, mas é uma rocha sólida de optimismo esperançoso que nos permite olhar para o futuro, até em tempos incertos. Alguns podem desejar que a nossa igreja tivesse tomado uma posição sobre o pré-, pós- ou amilenismo ou sobre o pré-, durante e pós-tribulacionismo. Podemos querer uma posição oficial, dogmática sobre os últimos tempos para que quando alguém perguntar, "O que é que os nazarenos crêem sobre o arrebatamento" pudéssemos responder-lhes. Em vez disso, ao não tomar uma posição decisiva sobre assuntos doutrinais divisíveis, poderemos ter feito mais para nos focarmos no ponto principal: *Cristo voltará.*

Além disso, como saberemos quem está certo acerca do reino milenal? No fim de tudo, depois de tudo acontecer. Como saberemos quem está certo acerca do arrebatamento e tribulações? No fim de tudo, depois de tudo acontecer. Considere isto: no fim de tudo, depois de tudo acontecer, não estaremos a discutir quem estava certo e quem estava errado. Não haverá medalhas, porta-chaves ou colares para serem dados àqueles que conseguiram perceber os detalhes. Em vez disso, estaremos reunidos com Jesus Cristo para a eternidade.

As questões mais importantes são estas: Como é que vivemos até lá? Como é que a nossa crença na volta de Cristo afecta a forma como vivemos hoje? A nossa chamada é para vivermos fielmente aqui e agora. Informados pela certeza cheia de esperança de que Cristo voltará novamente, as nossas tarefas são as mesmas que sempre foram: amar a Deus e ao próximo, proclamar as boas novas de grande alegria, cuidar da criação de Deus, acolher o estrangeiro, dar ao o órfão e à viúva e viver fielmente a missão de Deus nas nossas vidas presentes.

Questões para Reflexão ou Debate

Pense acerca do material que leu no capítulo 15 e considere a sua resposta às seguintes questões. Use referências bíblicas para fortalecer as suas respostas sempre que possível.

1. Qual é a sua memória mais antiga ao pensar acerca da segunda vinda de Cristo?

2. Porque é que, nos últimos 150 anos, o interesse tem aumentado sobre teorias acerca da segunda vinda?

3. Que visões populares acerca da segunda vinda de Cristo tem ouvido?

4. Como é que a sua compreensão da segunda vinda de Cristo amadureceu ao longo do tempo?

5. Qual é a diferença entre as dezenas de teorias oferecidas em relação à segunda vinda de Cristo e aos ensinos claros das Escrituras, tais como perdão dos pecados e o senhorio de Jesus Cristo?

6. Porque é importante não permitir que as várias teorias acerca da segunda vinda ocupem um lugar central no nosso testemunho ao mundo acerca de Jesus Cristo?

7. Porque é que a Igreja do Nazareno não toma uma visão particular sobre as teorias da segunda vinda?

8. Preferiria que a Igreja do Nazareno tivesse declarações claras das Escrituras como o faz no Artigo XV ou preferia que especulasse sobre as numerosas possibilidades de como Cristo poderá voltar?

9. Porque é que pensa que a Igreja do Nazareno não oferece um ensino específico sobre tais teorias como o arrebatamento, a grande tribulação ou o reino milenar?

10. O que quer dizer o autor do capítulo quando diz que, "estas são teorias não-testadas que não devem chegar ao nível de dogma"?

11. Ao olhar para o Artigo XV, que declarações claras podemos ter das Escrituras acerca da segunda vinda de Cristo?

12. Leia 1 Tessalonicenses 4:13–18 e nomeie as ideias encontradas nesta passagem que são ecoadas no Artigo XV.

13. Que encorajamento encontra na afirmação bíblica "Cristo voltará"?

14. Olhando para além das teorias da segunda volta oferecidas deste lado da eternidade, qual crê que será o foco central da sua atenção quando chegar ao céu?

15. Com ansiosa antecipação da segunda vinda de Cristo, de que forma devemos viver no entretanto?

16. Mais especificamente, nomeie alguns passos de acção que pode tomar hoje para viver confiante e esperançosamente em Cristo enquanto espera a Sua volta.

ESTA É A NOSSA ESPERANÇA

por Ruth I. Cordova

Ruth I. Cordova é missionária na Guatemala, onde serve como professora de teologia, Bíblia e cursos pastorais no Seminário Nazareno.

XVI. Ressurreição, Julgamento e Destino

Cremos na ressurreição dos mortos, que tanto os corpos dos justos como dos injustos serão ressuscitados e unidos com os seus espíritos – "os que tiverem feito o bem, sairão para a ressurreição da vida; e os que tiverem feito o mal, para a ressurreição da condenação."

Cremos no juízo vindouro, no qual cada pessoa terá de comparecer diante de Deus, para ser julgada segundo as suas obras nesta vida.

Cremos que uma vida gloriosa e eterna é assegurada a todos aqueles que crêem em Jesus Cristo, nosso Senhor, para salvação, e O seguem obedientemente; e que os que são impenitentes até o fim sofrerão eternamente no inferno.

(Génesis 18:25; 1 Samuel 2:10; Salmos 50:6; Isaías 26:19; Daniel 12:2- 3; Mateus 25:31-46; Marcos 9:43-48; Lucas 16:19-31; 20:27-38; João 3:16-18; 5:25-29; 11:21-27; Actos 17:30-31; Romanos 2:1-16; 14:7-12; 1 Coríntios 15:12-58; 2 Coríntios 5:10; 2 Tessalonicenses 1:5-10; Apocalipse 20:11-15; 22:1-15)

Este Artigo de Fé é importante, mas em algumas partes é difícil responder a todas as questões que temos acerca da ressurreição, julgamento e destino final da humanidade. Como seres humanos, gostamos de saber todos os detalhes acerca da vida depois da morte e do nosso destino final. Como cristãos, gostaríamos de encontrar informação e explicação sobre esses assuntos nas Escrituras e compreender totalmente as razões para as nossas crenças.

Quando lemos na Bíblia as histórias de alguns profetas do Velho Testamento como Elias, que no poder de Deus restaurou as pessoas à vida ou a história de Jesus no Novo Testamento, quando levantou Lázaro e outros da morte, talvez demos gargalhadas ou fiquemos entusiasmados ao saber que a pessoa que estava morta voltou à vida. Identificamo-nos com as personagens e situações desses relatos. Sentimo-nos tristes e sem esperança pela perda da vida.

Mas, à medida que continuamos a ler, somos surpreendidos pela fé das pessoas nestas histórias que não desistiram no meio do sofrimento mas olharam para o profeta de Deus ou pediram a Jesus para fazer algo em relação a isso. Então, as emoções mudam. A fé, a esperança e a expectativa existem. Estas histórias têm agora um final feliz. Que alegria! Deus ressuscitou da morte um ser amado!

Jesus Está Vivo

A história favorita da Bíblia que todos gostamos de ler e ouvir é, claro, a história da ressurreição de Jesus. Podemos identificar-nos com as emoções e sentimentos dos discípulos depois da morte de Jesus - tristeza, dor, desespero, medo, preocupações e dúvidas. E, à medida que a história continua, identificamo-nos com as mulheres que se levantaram cedo no primeiro dia da semana para ir ao túmulo de Jesus, para acabarem por descobrir que Ele não estava ali. Elas são surpreendidas por um anjo que lhes diz que Jesus ressuscitou dos mortos como tinha dito que faria. Experimentamos muita alegria nos nossos corações com esta mudança de eventos. Sim! Jesus está vivo!

Jesus venceu a morte ao voltar à vida. Jesus tem corpo e não é um fantasma. Jesus tem a mesma aparência que tinha antes de morrer - mas radiante em glória. Jesus fala, pode ser tocado e até come com os Seus discípulos. E, finalmente, Deus irá ressuscitar-nos também, como ressuscitou Jesus. *Esta é a nossa esperança.* Esta é a razão pela qual a ressurreição de Jesus Cristo é um evento importante na história humana e para a fé cristã.

Talvez não sintamos o entusiasmo numa ressurreição imediata quando alguém muito querido morre. Em vez disso, colocamo-nos questões como, *Porque é que morreu? Será que sentiu dor, teve medo ou sofreu no momento da morte? Estará a viver em paz ou estará a ser castigado pela sua má conduta? Onde estará o seu espírito? O que estará a fazer?* Estas são questões acerca da vida depois da morte, julgamento, céu e inferno. Fazemos estas perguntas porque todos queremos saber, até certo ponto, o que acontecerá connosco quando morrermos.

Ressurreição do Corpo

O nosso décimo sexto Artigo de Fé veio do Metodismo e da igreja anglicana, apesar da Igreja do Nazareno o ter elaborado um pouco mais. A crença na ressurreição do corpo é parte da fé cristã (credos da igreja e tradições) e é importante por causa da ressurreição de Jesus Cristo na história da humanidade. Quando lemos as Escrituras, encontramos histórias e ensinos acerca da imortalidade da alma e sobre a ressurreição (Job 19:25–26; Salmos 49:15; 90:10; Eclesiastes 3:21; Isaías 26:19; Daniel 12:2; Mateus 10:28; 17:3; 22:31–32; Lucas 12:4–5; 16:22–23; 20:34–36; 23:43, 46; João 5:26, 28–29; 11:25–26; Actos 7:59; 24:15; Filipenses 3:21; 2 Timóteo 1:10). Ou seja, todos os judeus acreditavam na ressurreição excepto os saduceus, que negavam qualquer ressurreição dos mortos e qualquer vida após a morte e defendiam que a alma perece na morte, e por isso negavam qualquer castigo ou recompensa depois da vida terrena.

Na Bíblia, encontramos partes de informação aqui e ali acerca das últimas coisas, ditas por diferentes pessoas em diferentes ocasiões, situações e contextos em alturas diferentes na história da humanidade, usando tanto linguagem concreta como metafórica. Por vezes esta informação é dada como resposta a perguntas ou como explicações a certas verdades; noutras alturas, é dada como uma forma de preparar os discípulos para a perseguição no futuro e encorajar os novos cristãos a perseverar.

Por exemplo, Paulo escreveu na sua primeira carta aos tessalonicenses acerca da vinda do Senhor e disse duas verdades importantes em 4:13-14: Primeiro, os cristãos não se devem afligir como outros que não têm esperança. Segundo, os cristãos crêem que Jesus morreu e ressuscitou e por isso, Deus irá ressuscitar também os mortos. Isto faz uma grande diferença na forma como compreendemos a morte.

Um Novo Corpo

O que vai acontecer com o corpo depois da pessoa morrer? Alguns cristãos pensam que o corpo precisa ser preservado para o dia da ressurreição. Eles preocupam-se que alguém morra ao ser queimado, comido por um animal, perdido no mar ou que o corpo seja cremado. Perguntam, "Como é que esta pessoa será ressuscitada se não tiver um corpo?" No entanto, sabemos das Escrituras que o corpo terreno morre e que se torna pó. A Palavra diz, "Do pó vieste, ao pó voltarás" (Génesis 3:19). Não importa o que acontece ao corpo humano ou ao "corpo natural" como Paulo o chama. Este corpo não vai entrar no outro lado porque, como Paulo também diz, é um "corpo perecível" (1 Coríntios 15:42-44, 50).

Também de acordo com esses versículos, e outros, Deus dar-nos-á um novo corpo na ressurreição, um corpo celestial. Paulo explica que este novo corpo é um corpo espiritual (1 Coríntios 15:44) e que este corpo mortal deve ser revestido de imortalidade (1 Coríntios 15:53). É uma nova criação (2 Coríntios 5:17). Na ressurreição, os corpos transformados serão trazidos à vida e unidos aos seus espíritos (Filipenses 3:21; 1 João 3:2). Os corpos ressurrectos serão livres da doença, dor, sofrimento e morte. Serão corpos gloriosos como o de Jesus.

Não sabemos ao certo quando os mortos irão receber os seus novos corpos. Há passagens nos escritos de Paulo que indicam que seria logo que morressem (2 Coríntios 5:1-7; Filipenses 1:21-24) ou talvez não até à ressurreição final (1 Coríntios 15:23; Filipenses 3:20-21). A ressurreição dos mortos no dia final significa que todos serão ressuscitados, sejam justos ou ímpios e serão julgados de acordo com a fé em Cristo, acções, pensamentos, palavras, intenções, emoções e crenças, assim como aquilo que deixou de ser feito nas suas vidas. O julgamento será tanto revelador como completo.

Julgamento Final

Como é que será o julgamento? Apocalipse 20:11-15 descreve o julgamento em si. Jesus Cristo será o juiz porque Ele conhece os corações de todas as pessoas. Ele compreende as suas acções, os seus pensamentos e motivos mais profundos. Ele é o Filho de Deus e Ele é Deus. Mas Jesus Cristo também é o Filho do Homem, que Se tornou como os humanos (Filipenses 2:6-7) e depois de morrer, Deus exaltou-O e deu-Lhe autoridade para julgar tanto os vivos como os mortos (Actos 17:31; 10:42). O tempo do julgamento da humanidade é conhecido como o Dia do Senhor (Actos 17:31; Romanos 2:5, 16; 2 Pedro 2:9; Judas 6; Apocalipse 6:17). Ninguém sabe quando será, quanto tempo será ou onde será.

O teólogo nazareno H. Orton Wiley sugeriu que haverá certos princípios e padrões nos quais o julgamento será baseado, como definido por

XVI. RESSURREIÇÃO, JULGAMENTO E DESTINO

Cristo (Lucas 12:48; João 12:48) e mencionado pelo apóstolo Paulo na sua carta aos romanos (2:7-11). O padrão pelo qual todos serão julgados no último dia será baseado à luz ou à verdade do que lhes foi revelado (Romanos 2:14–16; Hebreus 10:28–29). As pessoas a serem julgadas serão numerosas e difíceis de contar (Apocalipse 7:9; 20:12). Vêm de todas as nações e raças, falam idiomas e dialectos diferentes, são de todas as eras e géneros, vêm de diferentes condições sociais e económicas e de diferentes períodos da história - mas todas elas descendem de Adão e Eva, visto que o mundo foi criado por Deus.

O bem e o mal terão vida eterna, mas serão experimentados de forma diferente.

Aqueles que crêem em Jesus e Lhe obedecem (à Sua palavra, andar no Espírito, fé em acções) viverão em comunhão com Jesus e com os outros crentes na eternidade. Irão experimentar gozo, alegria e paz e darão, para sempre, louvor e adoração ao Senhor. As Escrituras referem que o céu será o lugar onde os justos habitarão no seu final estado de glorificação. Jesus refere-se à "casa de meu Pai" (João 14:2-3) e Paulo chama-o de "terceiro céu" (2 Coríntios 12:2). É um lugar onde não há pecado, morte ou dor (Apocalipse 21:4, 27). O justo servirá o Cordeiro (Apocalipse 22:3-5) e irá desfrutar de comunhão com os outros e com o Senhor (Mateus 8:11; Hebreus 12:22–23). Os remidos expressarão e aumentarão o seu amor e faculdades intelectuais e compreenderão o amor, sabedoria e poder de Deus. Acima de tudo, a criação será renovada e os remidos habitarão num novo céu e numa nova terra (Apocalipse 21:2, 9–10).

Aqueles que rejeitam Jesus e a Sua salvação, que caminharam para longe da luz e seguiram os seus próprios corações, morrerão nos seus próprios pecados e viverão separados de Deus para sempre (Mateus 25:41; Apocalipse 20:14–15; 21:8). Viverão sozinhos e tristes nas trevas, atormentados pelo ódio, vergonha, orgulho, blasfémia e medo. Serão expostos à corrupção das suas próprias almas (Mateus 8:12; 22:13; 25:30–46).

Caminhar em Perfeito Amor

Há várias verdades e lições que podemos aprender deste Artigo de Fé e aplicar às nossas vidas:

A ressurreição corpórea dos mortos é uma verdade que nos diz que há vida depois da morte. Por isso, todos os seres humanos serão ressuscitados e continuarão a viver para sempre. Isto é possível por causa da ressurreição de Jesus.

O julgamento é uma verdade real à qual ninguém pode escapar. No final das nossas vidas, seremos julgados pelo nosso Criador. Se será um tempo de gozo ou de arrependimento dependerá da nossa resposta à oportunidade que nos foi dada ao conhecermos Deus e a Sua palavra e de viver como Jesus e de fazer o bem na terra enquanto vivemos.

Sabemos que as nossas acções nesta terra contarão no nosso julgamento final. Precisamos viver cada dia com a consciência da nossa obrigação de sermos mordomos responsáveis da graça preveniente e salvífica de Deus - visto que cada coisa boa que fazemos como cristãos está fundamentada na graça de Deus e no fortalecimento do Espírito Santo. Continuemos a perguntar-nos, *Aquilo que faço na minha vida é feito em amor, santidade e bondade? Estou a exemplificar o amor de Jesus? Estou a atrair outros a Deus por causa do meu interesse neles? Estou a usar as minhas capacidades e recursos para fazer avançar o reino de Deus? Estou a fazer o que Deus me pede para fazer ou prefiro ser indiferente, negligente ou ignorá-lo?*

Precisamos caminhar em perfeito amor e não ser encontrada falta de tal amor em nós.

Questões para Reflexão ou Debate

Pense acerca do material que leu no capítulo 16 e considere a sua resposta às seguintes questões. Use referências bíblicas para fortalecer as suas respostas sempre que possível.

1. Que questões vêm à sua mente quando pensa acerca da vida depois da morte e acerca da eternidade?

2. Porque é que as pessoas têm ponderado nas respostas a essas perguntas ao longo da história humana?

XVI. RESSURREIÇÃO, JULGAMENTO E DESTINO

3. De que formas é que a ressurreição de Jesus nos oferece esperança relativamente ao nosso futuro eterno?

4. Qual é o significado da declaração bíblica de que Jesus tinha corpo depois da Sua ressurreição?

5. Porque acha que a maioria das culturas e religiões do mundo crêem na vida depois da morte?

6. De que formas é que pensa que os nossos corpos ressurrectos serão diferentes dos nossos corpos terrenos?

7. Porque é que a Igreja do Nazareno crê que tanto as pessoas justas como as ímpias serão ressuscitadas para o julgamento?

8. Quem será o juiz no julgamento final?

9. Como é que este juiz é adequado de forma única para julgar toda a humanidade?

10. Como devemos preparar-nos para o Dia do Senhor?

11. Como é que as pessoas que nunca ouviram acerca do nome de Jesus serão julgadas?

12. Porque é que a Igreja do Nazareno crê que o julgamento dos justos e ímpios será final e sem recurso?

13. Descreva nas suas próprias palavras o novo céu e a nova terra de Deus.

14. Descreva como crê que será o novo céu.

15. Porque é que ninguém deveria desejar o julgamento do inferno?

16. Porque é que pecar contra Deus traz um castigo tão terrível?

17. Tendo considerado a verdade bíblica do Artigo XVI, como devemos viver as nossas vidas diárias?

18. O que mais antecipa acerca do viver a eternidade no céu?

QUE O DIÁLOGO COMECE

por Frank Moore

Temos passado tempo juntos a dar um olhar renovado sobre os dezasseis Artigos de Fé da Igreja do Nazareno. Temos considerado uma variedade de tópicos da fé cristã desde a criação de Deus do mundo até à criação do novo céu e da nova terra. Esses debates têm trazido dezenas de questões para as quais temos tentado obter muitas respostas. Agora, chegou a altura de levarmos esta informação que revimos e as perspectivas que ganhámos, para o nosso mundo. É tempo de começar a ouvir com novos ouvidos as perguntas das pessoas - nas nossas famílias, no trabalho e com os nossos vizinhos. O propósito de ter uma visão renovada dos nossos Artigos de Fé vai além de ganhar novo conhecimento e compreensão para o nosso próprio bem. Precisamos tomar o que aprendemos e juntarmo-nos à missão de Deus de partilhar as boas novas de perdão de pecados, transformação e santificação aos nossos amigos, membros da família e conhecidos.

A cultura contemporânea está a abrir conversas que precisam da nossa intervenção. A migração global de grupos inteiros de pessoas trazem culturas, crenças e práticas únicas para a nossa vizinhança, oferecendo oportunidades para novas conversas. A tecnologia muda constantemente a forma como interagimos uns com os outros e com o mundo. Encontramo-nos a falar acerca das melhores formas de lidar com esta nova realidade. As pessoas à nossa volta estão a colocar uma variedade de novas questões. Para ser honesto consigo, nunca imaginei estas conversas, por isso não tenho um fundo de conhecimento no qual me possa basear. Mas tenho a Bíblia, os Artigos de Fé e o apoio de irmãos e irmãs em Cristo que me ajudam com respostas.

Aprendi um princípio ministerial durante a minha educação no seminário, que me desafia até ao dia de hoje. O nosso professor contou-nos que o ministério efectivo só acontece quando ouvimos cuidadosamente as perguntas que as pessoas estão a fazer, tanto dentro da comunidade de fé como na comunidade no geral. Então, temos a responsabilidade de responder a essas questões de uma perspectiva bíblica. As pessoas tendem a ouvir o que temos a dizer quando tentamos responder às questões que estão às voltas nas suas mentes. Temos passado tempo a estudar os Artigos de Fé na Igreja do Nazareno e por isso temos discernimentos renovados para oferecer.

Tenho ouvido questões perspicazes, como algumas que pode ter ouvido, ou até ter. Exploremos o que provoca um pensamento mais profundo às pessoas. Então vamos à Bíblia, à tradição cristã, à razão iluminada pelo Espírito Santo e às experiências pessoais para obter respostas.

Trazer ao foco tópicos contemporâneos com uma perspectiva cristã pode ser uma questão confusa por um número de razões.

- Esses tópicos nem sempre são seguros. Alguns são delicados; outros são francamente desconfortáveis.

- Frequentemente tememos esses tópicos porque nos levam a territórios não-familiares.

- Não temos falado o suficiente sobre estes assuntos anteriormente, por isso não temos crenças claramente formuladas.

- Frequentemente não temos respostas imediatas para questões complexas porque ainda estamos a trabalhar juntos na resposta apropriada.

Estas conversas continuarão a ter lugar na nossa cultura apesar de nos juntarmos ou não a elas. Precisamos superar os nossos medos e envolver-nos completamente nestes debates, aparecendo à mesa de forma a ajudar as conversas directas para com a verdade bíblica. Precisamos uns dos outros para explorar a Palavra de Deus e permitir que o Espírito de Deus nos ilumine nestes assuntos. Esta realidade deixa algumas pessoas desconfortáveis; elas prefeririam permanecer em debates que têm respostas rápidas e fáceis. Mas não é aí onde a maioria das pessoas está. As respostas às suas questões não são nem rápidas nem fáceis. As suas vidas diárias são complexas e exigentes à medida que atravessam as águas inexploradas da sociedade contemporânea. É por isso que precisamos passar às questões relevantes e convidar a conversas nas nossas casas, no trabalho e nas nossas comunidades de fé que permitam que a luz de Deus brilhe e traga um entendimento mais claro.

Desafio-o a juntar-se a este esforço. Relembre assuntos e perspectivas que temos discutido neste livro. Pense cuidadosamente acerca de formas como se aplicam às situações reais da vida; depois envolva-se em conversas provocativas com os seus amigos. Precisamos de todos à mesa - idosos, adultos e jovens - contribuindo com perspectivas únicas. Peça ao Senhor que o ajude a encontrar formas de trazer a luz da Palavra de Deus a essas conversas. O Espírito de Deus trabalha fielmente para penetrar os corações e as mentes das pessoas com as verdades bíblicas. Hebreus 4:12 lembra-nos, "Porque, também, a nós foram pregadas as boas novas, como a eles, mas a palavra da pregação nada lhes aproveitou, porquanto não estava misturada com a fé naqueles que a ouviram."

Que Deus o use para oferecer as boas novas da palavra nas suas conversas ao envolver-se em questões do nosso mundo, sempre em mudança. Queremos homens, mulheres, jovens e crianças a chegarem a uma experiência salvadora e santificadora em jesus cristo. Então, queremos discipulá-los na sua fé até que comecem a discipular outros. Todos os nossos esforços ajudar-nos-ão a cumprir a nossa missão de fazer discípulos semelhantes a cristo nas nações. Que Deus abençoe a sua vida de ministério e serviço pelo reino.

www.ingramcontent.com/pod-product-compliance
Lightning Source LLC
Chambersburg PA
CBHW031450040426
42444CB00007B/1044